I0620879

Давид Гай

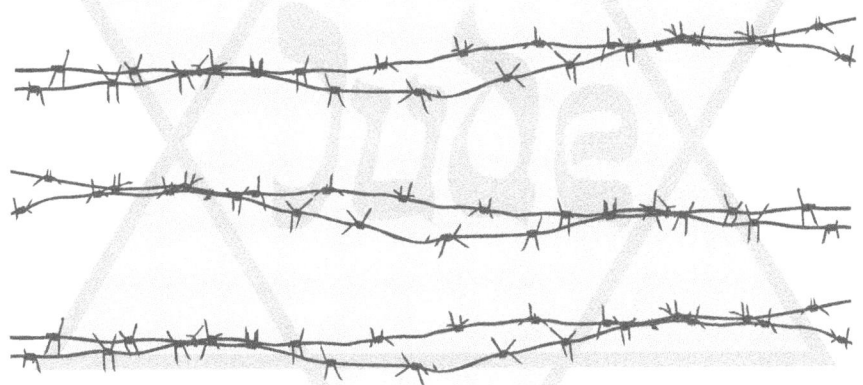

Десятый КРУГ

Жизнь, борьба и гибель Минского гетто

БОСТОН · 2025 · BOSTON

Давид Гай   Десятый круг
Жизнь, борьба и гибель Минского гетто
Второе издание, дополненное

David Guy   The Tenth Circle
Life, Struggle and Death of Minsk Ghetto
Second edition, enhanced

ISBN 978-1-960533821

Published by M•Graphics | Boston, MA
  ⌨ www.mgraphics-books.com
  ✉ mgraphics.books@gmail.com

Printed in the USA

*Памяти миллионов
невинных жертв фашизма*

ОТ АВТОРА

Повесть «Десятый круг» вышла в Москве отдельной книгой в самом начале 1991 года стотысячным тиражом. Судя по оценкам читателей, она вошла в список бестселлеров. По сути, стала первой, изданной в горбачевский период и рассказавшей то, что в СССР принято было замалчивать, и уж во всяком случае, широко не афишировать. Еврейские гетто оставались своего рода «белыми пятнами», население знало о них в самых общих чертах. Советская пропаганда тратила огромные усилия на борьбу с «тлетворным влиянием сионизма», Израиль подвергался всяческому осуждению — тема тотального уничтожения фашистами евреев не вписывалась в эту «борьбу».

В этом году мир отметит 80-летие окончания Второй мировой войны. Отметит по-разному. Выросли новые поколения, для которых Холокост и его последствия выглядят сугубой историей, изучать которую и познавать полезные уроки мало кто собирается. Для кого-то это неактуально, кто-то не хочет смотреть правде в глаза. Более того, отношение к евреям в мире резко ухудшилось, трагические события 7 октября 2023 года, когда ХАМАС напал на Израиль и совершил чудовищные преступления, включая захват заложников, не получили должного осуждения. Напротив, палестинские террористы получают широкую поддержку, в том числе с высокой трибуны ООН.

И я подумал о судьбе моей повести, посвящённой жизни, борьбе и гибели Минского гетто: минуло 35 лет после выхода её в свет, насколько актуальна она сегодня, когда антисемитизм свободно гуляет по планете? Ко мне обращаются живущие в Америке русскоговорящие читатели с просьбой помочь достать мою книгу. Увы, я отвечаю отказом — лишних экземпляров у меня нет. Выяснилось, что и в России почти отсутствуют — во всяком случае, таковы данные крупнейшей сети продажи книг «Озон».

И созрело решение переиздать по-русски «Десятый круг», внеся необходимые изменения, с учётом миновавших трёх с половиной десятилетий.

И вот эта книга на русском перед вами.

Она вобрала в себя голоса тех, кому выпала доля в минувшую войну пережить гетто. П е р е ж и т ь в прямом и переносном смысле. С большинством этих людей весьма преклонного возраста автору удалось встретиться и записать их рассказы. Некоторые ушли из жизни раньше, но, как правило, оставили свои воспоминания родственникам, детям с надеждой, что когда-нибудь кому-то понадобятся. И вот — понадобились. И ныне здравствующие, и уже умершие — для меня ж и в ы е свидетели.

Малые печали словоохотливы, глубокая скорбь безмолвна — говорили ещё древние. Может быть, ещё и поэтому так долго шла к нам правда об этой странице войны. Как писать о том, во что сейчас, по прошествии стольких лет, новому поколению трудно поверить? Как писать о нечеловеческих муках и стойкости обречённых, о массовом уничтожении тысяч и сопротивлении сотен?

Едва начав знакомиться с историей Минского гетто — одного из самых больших на территории СССР, да и Европы, я твёрдо решил: опираться только на факты и документы, избегая всякой попытки беллетризации. Домысливать то, что происходило на самом деле и было страшнее любой самой кошмарной фантазии, показалось мне абсурдным и даже кощунственным.

Убийство — не новое явление на земле. Каинов грех сопровождает род человеческий испокон веков. Но двадцатый век породил убийство особого рода, именуемое геноцидом. Несколько геноцидов оставили свои зловещие следы в прошлом столетии. Армян уничтожали турки, евреев — гитлеровцы, кхмеров — сами кхмеры. Погибли соответственно два, шесть и три миллиона человек.

При всей несхожести причин массовых злодеяний имелось в них и общее — с п л а н и р о в а н н о с т ь. Варварство вполне уживалось с ц и в и л и з о в а н н ы м и (как ни дико звучит) средствами уничтожения. Ятаган, газовая камера и мотыга успешно выполняли роль инструментов убийства. А задача была одна — стереть с лица земли целые народы, по крайней мере подавляющее число людей одной национальности. Впервые в истории появилась новая е д и н и ц а и с т р е б л е- н и я — народ.

Один геноцид как бы передавал эстафету другому опирал- ся на предшествующий опыт, черпал в нём силу и уверен- ность, оправдывал им пролитую кровь безвинных. На совеща- нии в Оберзальцбурге в августе 1939-го накануне вторжения в Польшу Гитлер вопрошал: «Кто же сегодня ещё говорит об истреблении армян? Не надо обращать внимание на обще- ственное мнение, нужно безжалостно убивать мужчин, жен- щин и детей...»

Единственное, над чем не властно время, — память. В этой повести память о гетто расщепилась на многие десятки чело- веческих свидетельств — прямых, бесхитростных и страшных. В гетто, как и в концлагерях, фашисты стремились довести людей до такого состояния, чтобы они едва могли различать добро и зло. Человек, по замыслу фашистов, превращался в животное, душа его должна была почти утратить способ- ность проявлять нормальные чувства. Но и в такой ситуации люди (не все, но многие) оставались людьми, доказывая вели- чие человеческого духа.

Рассказы узников минского гетто о проявлениях этого духа наиболее дороги мне. Память-скорбь, память-надежда, па- мять-предостережение — вот чем наполнена повесть, кото- рая, автор верит, будет воспринята читательским сердцем.

Если можно признать, что что бы то ни было важнее чувства человеколюбия, хоть на один час и хоть в каком-нибудь одном, исключительном случае, то нет преступления, которое нельзя было бы совершить над людьми, не считая себя виноватым

Л. Толстой

…Есть такие преступления, которые всегда и везде, по всевозможным законам, с начала мира считаются бесспорными преступлениями и будут считаться такими до тех пор, покамест человек останется человеком.

Ф. Достоевский

Они выползали на свет божий скрюченные, похожие на собственные тени, истерзанные безысходностью, но не расставшиеся с робкой, как пламя коптилки, надеждой. Они слепли от июльского солнца, прикрывая ладонями глаза, привыкшие к темноте подземелья. Они всё ещё не верили в своё избавление и потому не могли выражать радость, произносить простые человеческие слова.

Их осталось тринадцать — мужчин, женщин, детей, переживших гетто, почти девять месяцев скрывавшихся в яме, в пещере возле кладбища. Единственной возможностью спастись для них было добровольно сойти в землю, укрыться в ней, попросив у неё защиты и приюта.

Почти 260 суток они спали днём и бодрствовали ночью — так, им казалось, безопаснее, — дышали миазмами и пили тухлую воду, хоронили под нарами умерших и видели в снах хлеб и луковицу. После освобождения города их обнаружили не сразу, лишь через полсуток, а сами они уже не могли подать о себе весть.

Это были последние оставшиеся в живых узники гетто. Не считая, конечно, многих из тех, кто ушёл в партизаны, взял в руки оружие, превратившись из узников в мстителей.

ГЛАВА ПЕРВАЯ

И сказал Господь сатане: откуда ты приплёл?

Книга Иова

Я не вижу перед собой никаких классов и никаких сословий, но только общность людей, связанных единством крови.

Гитлер

Налёты вражеской авиации на Минск начались в первый день войны. Наши истребители пытались завязывать воздушные бои, зенитная артиллерия—преграждать путь «юнкерсам» с чёрными крестами.

24 июня город подвергся ожесточённой бомбардировке с самого утра. Бомбами были изрыты мостовые, обезображены дома, трамвайные рельсы висели плетьми. Особенно пострадал центр.

В этот день удалось отправить десять эшелонов с эвакуированными. Только десять.

Не верилось, что все произошло столь стремительно и неотвратимо. Ещё совсем недавно люди отметали мысли о близком начале войны, боролись со слухами (распространение их без тени сомнений объявлялось происками шпионов), читали оптимистические книжки, смотрели героические фильмы, распевали бодрое, вселяющее незыблемую уверенность: «И на вражьей земле мы врага разгромим малой кровью, могучим ударом...» И вот теперь кровь лилась не на вражьей, а на нашей земле. «Если завтра война...»—так пели вчера, а сегодня война наступила.

На границе было неспокойно. Доходили сообщения о том, что творит немец на оккупированной территории, прежде всего с польскими евреями. Об этом свидетельствовали и их письма родственникам в Белоруссию. Написанные в завуалированной форме, они тем не менее сеяли тревогу. Беженцы с запада тоже подтверждали мрачные предположения.

Верилось и не верилось, что такое возможно. А покуда люди, словно предчувствуя, что их ожидает, стали покидать Минск.

▨ ПОЛИНА АЙЗЕНШТАДТ:

В воскресенье вместе с группой сдавала экзамен по истории средних веков — заканчивала второй курс пединститута. Сидим рано утром в аудитории, вытянули билеты, готовимся. Заходит преподаватель, что-то шепчет принимающему экзамен профессору Перцеву, тот начинает вызывать нас, почти не спрашивает и быстренько ставит отметки. Только отличные. Ни одной тройки и даже четвёрки. Так непохоже на него. В коридоре слышим — война!

...Это же ад кромешный! Дома без крыш, с порушенными стенами, внутри обгорелые трупы и крики, стоны, плач. Вечером нас грузят в машины у фабрики «Коммунарка». «Дай подержу ребёнка, — это я сестре Риве, — а ты помоги маме взобраться». Всё, поехали. Стихийное бегство от бомбёжки, от огня.

Отъезжаем по Могилёвскому шоссе. На город смотреть страшно: на фоне тёмного неба кипящий огненный котёл. Доехали до военного городка, команда выгружаться. Нашли подводу — и в близлежащий совхоз. Переночевали — и снова в путь, по направлению к Дукорам. Дороги запружены, людей тьма-тьмущая, с чемоданами, узлами, котомками, у многих тележки, велосипеды. И опять бомбёжки. Разбегаемся кто куда, а возвращаясь, видим трупы... Ребёнок Ривы с нами, восьмимесячный. И почему-то вокруг уйма беременных.

На обочине старик еврей в калошах, небритый, всклокоченный.

— В Минске немцы, — бубнит он себе под нос — В Минске немцы.

— Вот и первого сумасшедшего встретили, — говорю сестре. — Как это немцы могут быть в Минске? Они не могут быть в Минске!

Останавливаемся на ночь в какой-то деревне А наутро вижу немецких мотоциклистов, целую колонну. Едут, не глядя по сторонам, запылённые, сумрачные. И тут со мной приключается что-то. Столбняк нападает. Глазею на них и шевельнуться не могу. Вот они, враги, фашисты, в ста шагах, лица можно различить. Ни страха не испытываю, ни желания спрятаться, ни ненависти — ничегошеньки. Стою как вкопанная и смотрю. Сестра тормошит: «Поля, Поля!» Ничего не слышу и не вижу, кроме немцев. Прямо наваждение.

Дальше дороги не было, и мы вернулись в Минск.

☐ Дора Шейвехман:

Трасса Минск — Москва была сделана незадолго до войны, как будто специально, чтобы немцам была обеспечена хорошая дорога. По дороге шли пешком и ехали на лошадях люди. Плач, крики, стоны. Везли больных, стариков, детей. Стоял ужасный гул от самолётов. Моё положение усугублялось тем, что я была беременна.

Я увидела, что на одноконной телеге сидит, свесив ноги, доктор Рахманчик. Он вёз тяжелобольного офицера из клинического городка, что располагался на углу Подлесной улицы, где мы жили. Многие офицеры и бойцы шли в кальсонах. Они лечились в клиническом городке, а эта кутерьма наступила так стремительно, что им не успели выдать одежду...

Уйти далеко нам не удалось. Нас бомбили и обстреливали с воздуха, дороги впереди не было. Хотелось есть, а мы ничего с собой не взяли. Вместе с родственниками я решила возвращаться в город. Если доберусь до дома и он ещё не разрушен, думала я, то хоть там найду что-нибудь съестное.

Ходили слухи, что немцы уже в Минске.

Поднялась в свою квартиру и увидела: бедная наша кошка носится как угорелая. Такое творилось, что даже кошка безумствовала. Мы занимали в квартире одну большую комнату. Смотрю и не верю глазам: незнакомые мне молодая женщина и мужчина вытаскивают в коридор шифоньер, а затем начинают вытаскивать сервант с посудой. Я их стала останавливать, они меня вытолкали с криком: «Тоже нашлась хозяйка. Теперь мы тут будем жить!» Ничего не дали взять с собой из еды и вещей.

Утром я снова решила пойти в свою комнату.

Она была пустая, новых жильцов не было. На стене в багетовой раме висел портрет моей мамы. Сняла его, сунула под мышку. По полу разбросаны книги, фотографии, везде хаос, как после погрома.

Нашла несколько сухих слив, завернула их в бумажку, хотела выйти, и вдруг из коридора шагнул немец с револьвером в руке. Откуда он взялся... Он моментально вырвал у меня портрет мамы, взглянул на него и с возгласом «Клара Цеткин!» рукояткой пистолета дал мне в челюсть так, что тут же вылетело два зуба. Я зажала окровавленный рот и пустилась бежать. Удивляюсь, как он вслед не выстрелил.

▨ Роза Липская:

Надо же случиться: в середине июня застряла в командировке в Москве. Нет обратных билетов. Я и так и сяк, обиваю пороги — бесполезно. Наконец повезло: кто-то сдал билет в кассу, не поехал. Какая я была счастливая! 21 июня оказалась дома. В воскресенье торжественно открывалось Комсомольское озеро, я с семьёй решила побывать там. Побывала...

Феликсу три годика. Ухожу с ним из города. Транспорта нет. Возле Смиловичей встречаю сестру Ревекку. Муж её, шофёр, уже в армии, а она с тремя детьми мыкается по дорогам. Вместе всё-таки легче. И тут немцы высаживают десант, перерезая путь. Надо возвращаться в Минск, выхода нет. Но как? Везде гитлеровцы.

Неделю пережидаем в Смиловичах, практически без еды. Что удаётся найти из продуктов, детям отдаём. В те дни и погибает моя сестра вместе с ребёнком. Возвращаемся в Минск. От дома нашего (жили мы возле стадиона «Динамо») одни стены и головешки внутри.

Григорий Добин:

...Стою на крыле автомашины, держусь за борт (портфель с бумагами, не поверите, в зубах) и еду вместе со всеми неизвестно куда. Хотя почему же неизвестно, известно: хотим вырваться из немецкого кольца.

Машина принадлежит какому-то белостокскому институту. Набилось в кузов уймища народа, большинство, как я, налегке, без вещей. А кругом светопреставление. На шоссе Белосток — Минск грузовики, легковушки, велосипеды и люди, люди, кто со скарбом, даже фикусы тянут, кто с пустыми руками...

Пытаюсь воспроизвести события последних дней. Выстраиваются они зловещей чередой: надвигалось неотвратимое, а я не придавал значения. Только я ли один...

По срочному заданию республиканской еврейской газеты «Октябрь» (я был её собкором) выехал в интернациональный колхоз Волковыского района собрать материал для очерка. А жил тогда в Белостоке. «Тогда» — потому что не ведаю, где теперь буду жить и вообще останусь ли жив. Уже вовсю говорили о тяжёлом положении на границе. Сын подбежал ко мне: «Папа, не уезжай, говорят, война начнётся на днях». Я накричал на него, чтобы не молол чепухи, а у самого, признаться, кошки скребли на душе.

Узнал о начале войны 22-го на рассвете. Первым делом решил ехать в Белосток, к семье. Бросился на вокзал: билетов не продают, поезда не ходят, короче, добраться не на чем. Шёл пешком весь воскресный день, полдня 23-го. Насмотрелся: как бомбили, как гитлеровские самолёты за нами гонялись, поливая убегающих пулемётными очередями. Машина подвернулась, я на крыло прыгнул, за борт ухватился. Главное, портфель с бумагами не потерять.

Ехали, покуда бензин не кончился. Опять пешком пришлось. Те, кто в машине, решили в соседней деревне остаться — бежать бессмысленно, да и некуда. А вы — еврей, говорят мне, вы попробуйте уйти, немец вас не пощадит.

С одной девушкой-еврейкой, она уборщицей в институте работала, направляемся на восток. Заходим в деревню, ноги уже не идут, садимся передохнуть. В магазинчике дают нам мыло. Девушка говорит: пойду возьму ещё мыла. Ждал я её, так и не дождался.

Сколько шёл потом, не помню. Всё смешалось, спуталось, как в бреду. Кажется, везли меня на военной полуторке — части наши из окружения пытались выйти. Нарвались на немцев. Выскочили мы из полуторки и в лес побежали. Долго болотами выбирались. Видели, как танки со свастикой проходили.

Что с моими, успели эвакуироваться? Не хотелось думать о самом страшном, но думы сами собой в голову лезли.

Ближе к Минску увидел горящие поля. Или немцы хлеб подожгли при бомбёжках, или наши спалили, чтоб врагу не досталось. Вряд ли наши, не до того было. Ноги опухли, я снял ботинки и выбросил. Вошёл в Минск с западной стороны, через кирпичные заводы, босой и с палкой. Знал уже — в городе враг. На окраине города немцы втолкнули меня в колонну и погнали в лагерь Дрозды.

ИЗРАИЛЬ ЛАПИДУС:

Из Минска я уехал перед самым вступлением гитлеровцев, а вернулся в город в начале ноября. На то были свои причины.

Инструктор орготдела обкома партии, я помогал эвакуировать предприятия, население. С одним из эшелонов попал в Смоленск. Там и застрял.

Мучили мысли о семье, оставленной в Минске. Винил себя, что не отправил в тыл жену и ребёнка. И оправдывался перед собой — не мог этого сделать в ущерб выполнению неотложных заданий обкома. Да и жена, коммунистка, не позволила бы мне заниматься устройством личных дел — ни ради неё, ни ради нашего сына, семилетнего Альберта, ни даже ради ребёнка, которому предстояло появиться на свет через два месяца. Думал о семье, и комок к горлу подкатывал. Куда они могли податься, беспомощные, одинокие?..

Через Смоленский обком партии добился призыва в армию. Стал комиссаром артиллерийской батареи. Осень сорок первого… Бои, бои. И отступление. В начале октября оказались мы в клещах под Вязьмой. Как могли сдерживали натиск врага.

Тот бой на всю жизнь запомнил. Горят вокруг подбитые фашистские танки, застилая поле смрадным дымом. Разбиты наши орудия, лежат на огневых позициях погибшие артиллеристы. Много раненых. Израсходованы последние противотанковые гранаты, на исходе патроны. Пытаюсь помочь раненому наводчику, и вдруг что-то меня обжигает, ослепляет, оглушает. Я долго падаю, падаю и никак не могу упасть. На этом всё обрывается.

Сколько пролежал, не помню. Прихожу в себя. Рядом — два немца, солдат и офицер. Разделяет нас вывернутый с корнем куст. Вижу, как шевелятся их губы, а речи не слышу. Контужен.

Через некоторое время слух возвращается. Я уже в лесу, и не один. Вокруг такие же окруженцы. Ясно одно — надо прорываться к своим, В группе нашей уже более сотни бойцов и командиров. Но пробиться сквозь кольцо окружения не удаётся. Теряем людей, и много.

Разбиваемся на маленькие группки. Для себя решаем: если не пробьёмся к своим, будем вести партизанскую войну против оккупантов. Такой путь борьбы указал Сталин в речи третьего июля. Где лучше партизанить? Конечно, там, где знаешь места и людей и где знают тебя.

В конце концов я повернул на Минск.

ГЛАВА ВТОРАЯ

Бродят Рахили, Хаимы, Лии,
Как прокажённые, полуживые...

И. Эренбург

...У меня открылись глаза на две опасности, имена
которых я едва знал ранее и которые имели во всех
случаях огромное значение для существования немец-
кого народа. Марксизм и еврейство.

Гитлер

С чего начали немцы? С того же, что в Польше, а затем повсюду, — с грабежей, насилия, расстрелов без всяких причин, просто так. Ну а к евреям особое отношение — расо-
вые доктрины находили практическое применение.

Дом № 21 по улице Мясникова, густо заселённый (более
трехсот жителей, много еврейских семей), утром 2 июля
окружили. Мужчин, женщин, стариков, детей вывели во двор
и поставили лицом к стене. Шесть часов держали под дулами
винтовок и ручных пулемётов. Время от времени для вящей
убедительности стреляли. Нет, покуда не убивали — пугали.

В квартирах шёл обыск — попросту говоря, неприкрытый
грабёж. Забирали ценные вещи, одежду, бельё, одеяла, обувь,
посуду и даже продукты питания: сахар, мёд, масло, какао,
рис. Всё награбленное погрузили на два грузовика и увезли.
На этом не кончилось. Ночью вернулись в еврейские квартиры. «Здесь оставались серебряные ложки. А тут мы видели
кастрюли. А куда делся шёлк?» Если дверей не открывали, их
взламывали.

На той же улице Мясникова находилась школа, окнами смо-
тревшая во двор жилого дома. Расположившись в школе, нем-

цы нашли развлечение и забаву: на протяжении суток стреляли в окна квартир, то разбивая зеркала, то мебель, то попадая в живые мишени.

Так они начинали.

В первые июльские дни гитлеровцы заставили население города, всех от 15 до 50 лет, под страхом смерти явиться в концентрационный лагерь Дрозды под Минском. Сюда же согнали военнопленных. Скопилось там, по некоторым данным, 140 тысяч человек.

▨ Анна Красноперко:

По Советской, около Большого сквера, вели колонну военнопленных. И вдруг один из них, молодой, высокий, с забинтованной головой, запел: «Тучи над городом встали, в воздухе пахнет грозой». Песню подхватили. Зазвучала знакомая мелодия.

Что тут началось! Пальба, крики. Убитые на булыжной мостовой.

Пленные, согнанные в это тесное пространство, едва могут шевелиться и вынуждены отправлять естественные потребности там, где стоят... Военнопленные, проблема питания которых едва ли разрешима, живут по 6—8 дней без пищи, в состоянии животной апатии, вызванной голодом, и у них одно стремление — достать что-нибудь съестное...

По отношению к пленным единственно возможный язык слабой охраны, сутками несущей бессменную службу, — это язык огнестрельного оружия, которое она беспощадно применяет.

Из докладной записки министериального советника Дорша рейхслейтеру Розенбергу

▨ Борис Хаймович:

За что такие муки... Которые сутки без пищи, а главное, без воды. Рядышком речка, как раз за нашим полем, огороженным канатом. Закрываю глаза и вижу одно и то же: с разбега плюхаюсь в прохладные воды Свислочи, ныряю, фыркаю, резвлюсь. И пью, пью, пью. Мираж, сводящий с ума.

Что удумали, гады... Предложили запастись пустыми бутылками, привязать их к палкам и в порядке очереди под охраной «удить» воду из реки. Разрешалось окунать бутылку не более трёх раз. Того, кто вставал в очередь повторно или не так «удил», ждал расстрел.

Поле в Дроздах — гигантский муравейник. Неверно сказал: муравьи-трудяги снуют туда-сюда, вечно в движении, а нам запрещалось даже подниматься. Полулежали, полусидели, чуть зашевелишься — вполне можешь пулю схлопотать.

По углам лагерной территории понаставили вышек с пулемётами. Ровно в шесть утра — перекрёстный огонь с вышек по лежащим. Подъём по-ихнему, значит. В десять вечера снова пулемётный огонь — отбой. После каждого подъёма и отбоя — сотни трупов.

Бесстрашные женщины пробирались к лагерю, бросались к канату, выкрикивали имена близких. Кто мужа искал, кто сына, кто родственника. Когда мы уже совсем доходили, разрешили немцы родственникам подкармливать заключённых. Еду приносили и — скрыто, в узелках — одежду, чтобы переодеться могли, в первую очередь военнопленные. Им-то несдобровать, а так имелся шанс среди гражданских затеряться. Не всегда еда до нас доходила — уголовники отнимали. Повыпускали их фашисты из тюрьмы и тоже в Дрозды согнали.

Слух прошёл: какой-то пленный ночью махнул через канат, переплыл речку и убежал. Стреляли в него из пулемётов, да не попали. И мне с товарищем моим Евсеем Шнитманом хотелось попробовать уйти. Только сил не было, истощены, измучены. Да и куда? В Минске, говорили, полно каких-то особых частей — с серебристыми плетёными погонами, орлом на рукаве и буквами «СС». А ещё полевая жандармерия, полиция.

В один из дней подъехал автомобиль, оттуда в рупор объявили: военнопленные должны отделиться от гражданских.

Сортировка. Искали коммунистов, переодетых командиров Красной Армии. Невдалеке раздавались выстрелы. Я с Евсеем в «цивильном» лагере остался. На следующий день до нас очередь дошла. Снова, сортировка — на евреев и прочих. Окружили отсеянных евреев. Набралось нас тысяч десять — больше, меньше, поди сосчитай.

Явился комендант лагеря и такую речь держал. Немецким властям требуются евреи-специалисты: инженеры, врачи, юристы, учителя, артисты, и так далее. Короче, люди интеллигентных профессий. А также квалифицированные рабочие. Всех специалистов переписать и списки передать ему, коменданту. Кое-кто сразу засомневался: провокацией, чудовищным обманом попахивает. Около половины инженеров, врачей и прочих тем не менее записались. Мы с Евсеем тянули до последнего момента, потом посовещались и решили записаться в рабочие.

Рабочих стали сгонять в одну колонну, служащих, то есть интеллигенцию, — в другую.

Помню, спрашивают у молодого красивого парня с чёрными волнистыми волосами: «Профессия?» — «Певец», — отвечает. Немцы как загогочут: «Певец? А ну пой! Пой, вонючий юдэ!» И автомат наставляют. И запел парень тенором, да так, что мы заслушались. На миг почудилось: нет ни лагеря, ни каната, ни запахов дерьма и мочи, ни фашистов, могущих тебя сию минуту расстрелять, есть мирная довоенная жизнь, сидишь себе у тарелки репродуктора или у приёмника и слушаешь концерт по заявкам.

Спел парень народную еврейскую песню «Михутёнесте майне» — «Сватья моя». Узнал я певца, узнал по голосу — Горелик. До войны по радио часто передавали его выступления. Минская знаменитость.

Немцы довольны остались: «Гут, зеер гут!» — и оттолкнули Горелика к рабочим.

А на рассвете понаехало гитлеровское начальство. Приказали построиться. Колонну служащих в машины стали запихивать. Три-четыре машины набьют битком и отъезжают. Минут через двадцать слышны пулемётные и автоматные очереди. Возвращаются машины пустые, и снова погрузка...

Бедствовали узники «цивильного» лагеря, ещё горше евреям приходилось, но хуже участи военнопленных не было. Нас хоть немного подкармливали родственники, они же голодали жестоко, и помочь им не представлялось возможным. Иногда ночью, обманув бдительность часовых, они прокрадывались в еврейскую часть лагеря, и мы делились с ними последними крохами. Рискуя жизнью, некоторые отчаявшиеся нападали ночью на немецких лошадей, пасущихся в лагере. Убить и разделать животное не хватало ни сил, ни времени — того гляди часовые могли застукать. Оглушив, языки у живых лошадей вырезали.

Довели фашисты живых людей до скотского состояния. И тут начали записывать на службу к немцам. Нашлись такие, кто завербовался. Их пайком обеспечили, новым обмундированием и перевели в лагерь по соседству, где они отдыхали, отъедались на виду у своих бывших товарищей. Многие же военнопленные решили измене, предательству смерть предпочесть.

Вскоре нас, евреев-рабочих, под конвоем в тюрьму повели. Кончились наши Дрозды...

▓ ЕФИМ ФЕЙГЕЛЬМАН:

Какой же я по счёту в длиннющей шеренге? Если бы к краю стоял поближе, можно было сосчитать, а я в самой серёдке. Начал считать немец в очках, на бухгалтера похож или провизора. Дойдёт до десятого, будто ворон каркнет — «центер», и тотчас вытягивают того из строя. А немец счёт продолжает, идя вдоль шеренги. Опять до десятого доходит, и нового несчастного тянут. Скоро и до меня дойдёт... Пронесло, шестым оказался.

А началось с глупости, чепухи: якобы у их офицера украли зубную щётку, мыло и полотенце. Выстроили нас в тюремном дворе, куда перевели из лагеря. Кто украл? Думаю про себя: ну кому, скажите на милость, понадобилась эта злосчастная щётка? Что, вор на глазах у всех умываться будет с мылом и полотенечком? Загнали нас в камеры, голодных, грязных, измученных, человек по тридцать в каждую, на всех одна параша, вонь хуже чем в Дроздах — там хоть на открытом воздухе по нужде ходили. Полотенечко... Врут немцы, повод ищут, чтобы ещё больше над нами поизгаляться.

«Кто украл?» — опять спрашивают. Все молчат. Тогда начали отсчитывать каждого десятого и тут же на глазах расстреливать.

«Кто украл?» — повторяют. Молчим. Тогда новый счёт: «нойнтер» — каждый девятый. Потом «ахтер» — каждый восьмой.

Милостивой судьба ко мне оказалась, жив остался. Но что пережил — о том не берусь рассказать. Слов таких нет у меня.

...Нескольких часов не хватило мне, чтобы уехать из Минска. Перед войной был на партийной работе в Западной Белоруссии, налаживал там советскую власть. С 22 июня участвовал в организации эвакуации. И так все дни до прихода фашистов. А жену с сыном, семьи четырёх сестёр не вывез и сам застрял. Живя близко к польской границе, я-то лучше других знал: евреям при немцах надеяться не на что. Вот и первые подтверждения: сначала интеллигенцию в Дроздах уничтожили — тех, кто по незнанию и наивности правду о себе решил сказать, теперь за фахарбайтеров принялись, за рабочих, значит.

Родственники прознали, что мы в тюрьме (беспроволочный телеграф быстро сработал), понесли передачи. Немцы принимали еду без ограничения, бросали и сливали в грязные бачки, перемешивали и кормили нас. Пища прокисала, портилась, начались кишечные заболевания.

Ежедневно выгоняли нас на «прогулки». На каждом лестничном пролёте эсэсовец стоял с палкой и бил каждого проходившего, приговаривая: «Шнель, ферфлюхте швайн!» Во дворе ожидал коридор из эсэсовцев, через который мы пробегали со сложенными на голове руками под градом палочных ударов. К концу экзекуции палки у немцев превращались в мочала. Многие с таких «прогулок» в камеры не возвращались...

Так продолжалось с неделю, пока нас из тюрьмы не выпустили.

Документ ПС-710
Берлин, 3 июля 1941 г.

*Рейхсмаршал
великой германской империи
Уполномоченный по четырехлетнему плану
Председатель Совета министров
по обороне империи*

Начальнику полиции безопасности и СД группенфюреру СС Гейдриху

В дополнение к уже переданному вам с приказом от 24 января 1939 г. заданию осуществить решение еврейского вопроса в форме... наиболее подходящей для современных условий, настоящим поручаю вам провести всю необходимую подготовку в организационном, деловом и материально-техническом отношении для решения еврейского вопроса в целом на территории Европы, подвластной Германии. Поскольку при этом затрагивается компетенция других центральных учреждений, последние должны принимать участие.

Поручаю вам, далее, в ближайшее время представить мне общий проект подготовительных организационных, деловых и материально-технических мероприятий для проведения намечаемого окончательного решения еврейского вопроса.

Геринг

9 июля в самых людных местах Минска был вывешен приказ полевого коменданта о создании гетто.

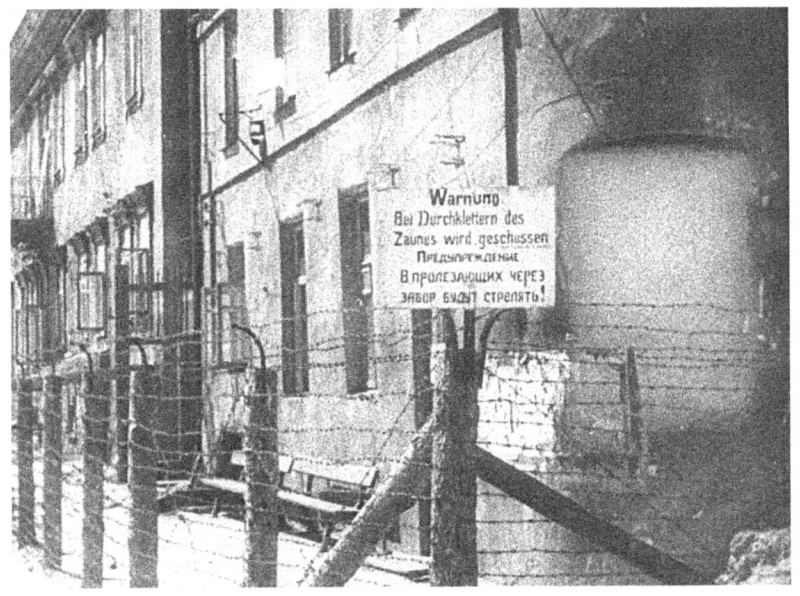

ПРИКАЗ
О СОЗДАНИИ ЕВРЕЙСКОГО РАЙОНА В ГОРОДЕ МИНСКЕ

1

Начиная со дня издания настоящего приказа, в городе Минске выделяется особый район, в котором должны проживать исключительно евреи.

2

Все евреи—жители города Минска обязаны после опубликования настоящего приказа в течение 5 дней переселиться в еврейский район. Евреи, которые по истечении этого срока будут обнаружены в нееврейском районе, будут арестованы и строжайше наказаны. Неереи, проживающие в пределах еврейского района, обязаны немедленно покинуть еврейский район.

3

Разрешается брать с собой домашнее имущество. Кто будет уличён в присвоении чужого имущества или грабеже, подлежит расстрелу.

4

Еврейский район ограничивается следующими улицами: Колхозный переулок до Колхозной улицы, далее вдоль реки до улицы Немига, исключая православную церковь, до Республиканской улицы с прилегающими улицами: Шорная, Коллекторная, Мебельный пер., Перекопская, Низовая, еврейское кладбище, Абутковая, 2-й Апанский пер., Заславская улица до Колхозного переулка.

5

Еврейский район, сразу же после переселения, должен быть отгорожен от города каменной стеной. Построить эту стену обязаны жители еврейского района, используя для этой цели в качестве строительного материала камни нежилых или разрушенных зданий.

6

Евреям из рабочих колонн запрещается пребывание вне еврейского района. Означенные колонны могут выходить за пределы своего района исключительно по специальным пропускам на определённые рабочие места, распределяемые Минской городской управой. Нарушение этого приказа карается расстрелом.

7

Евреям разрешается входить в еврейский район и выходить из него только по двум улицам — Апанской и Островской. Перелезать через ограду воспрещается. Немецкой страже и охране порядка приказано стрелять в нарушителей этого пункта.

8

В еврейский район могут входить только евреи и лица, принадлежащие к немецким воинским частям, а также к Минской городской управе, и то лишь по служебным делам.

9

На юденрат возлагается заём в размере 30 000 червонцев на расходы, связанные с переселением из одного района в другой. Означенная сумма, процентные отчисления с каковой будут определены позднее, должна быть внесена в течение 12 часов после издания настоящего приказа в кассу городской управы (ул. Карла Маркса, 28). (*Улица эта к тому времени ещё не была переименована оккупантами — Д.Г.*)

10

Юденрат должен немедленно представить жилищному отделу городской управы заявку на квартиры, которые евреи оставляют в неeврейском районе и которые ещё не заняты арийскими (иеeврейскими) жильцами.

11

Порядок в еврейском районе будет поддерживаться особыми еврейскими отрядами порядка (специальный приказ об этом будет своевременно издан).

12

За переселение всех евреев в свой район несёт полную ответственность юденрат города Минска. Всякое уклонение от выполнения настоящего приказа будет строжайше наказано.

Не успели ознакомиться с этим приказом, появился новый — о жёлтой «заплате» (её сразу стали называть по-белорусски — «латой»). Указывался размер (десять сантиметров в диаметре, не больше не меньше, — немецкий пунктуализм) и место, на которое она должна быть нашита, — левая сторона груди и спины. В конце: «За неисполнение приказа — смертная казнь».

Обитатели гетто получили, таким образом, свой опознавательный знак. Наличие его, равно как и отсутствие, могло повлечь за собой гибель, немедленную или отсроченную.

Приказы вызвали шок, оцепенение. Люди прятались. Гитлеровцы рыскали по улицам, домам, ловили тех, кто вписывался в их представления о семитской расе. Однажды к комендатуре привели группу лиц с «соответствующими физиономиями» и вымазали жёлтой краской. Одновременно шла регистрация еврейского населения.

И потянулись толпы в район гетто. Туда шли евреи, оттуда, навстречу им, белорусы, русские, татары... Шли со скарбом, несли то, что можно было унести. Скорбные караваны тащились навстречу друг другу с утра и до позднего вечера. Повезло, если позволительно так сказать, евреям, и раньше жившим на территории, отведённой под гетто, — им не надо было трогаться с места. К ним подселяли прибывающих, уплотняли, спрессовывали людей, стараясь максимально использовать каждый метр жилой площади.

И приказы, приказы, приказы. Они появлялись в городе по несколько раз в день. «Все трудоспособные мужчины обязаны регулярно отмечаться в юденрате и оттуда колоннами в сопровождении охраны отправляться на работу». «Все обязаны внести деньги на сооружение стены вокруг гетто». «Все обязаны сдать ценности: золото, серебро, а также радиоприёмники, музыкальные инструменты». Рождалась видимость порядка. Немецкого порядка.

Понемногу стали собираться у юденрата. Где ещё сходиться жаждущим обменяться новостями, послушать людей? Особо ценились сведения с железной дороги. Очевидцы, которых гоняли туда на работу, рассказывали: много эшелонов с немецкими ранеными идут на запад. Скоро Красная Армия даст фашистам прикурить. Кто-то божился, что видел собственными глазами: к хлебозаводу подъехала машина с солдатами в немецкой форме, они нагрузили её доверху, раздали буханки стоящим рядом евреям, сказали на чистом русском: «Не падайте духом, скоро будете свободны». Ах, как хотелось в это верить!

Здание Юденрата

Минуло пять дней, отпущенных на переселение, а ему и конца-края не виделось. За деньги юденрату удалось продлить срок. Люди сами тащили узлы, чемоданы, баулы — не было ни подвод, ни лошадей. Гетто всё больше разбухало, в маленьких домишках был на счету каждый свободный метр.

Скоро, совсем скоро здесь окажутся все евреи Минска, потом к ним добавятся согнанные из близлежащих местечек, потом прибудут евреи из Германии (их станут называть «гамбургскими»). На небольшом кусочке земли скопится сто тысяч изгоев, и для них начнётся отсчёт уже другого времени.

Правда, среди евреев находились и такие, кто не хотел жить в гетто. И немало. Но судьба неумолимо толкала их к собратьям по несчастью.

Белла Пруслина:

Когда у тебя на руках двое малюток, годовалая девочка и шестилетний мальчик, первый вопрос: чем их кормить? Нам не удалось далеко уйти от Минска. Вернувшись домой после бомбёжек и обстрелов с самолётов, после всего этого ужаса, я нашла свою комнату пустой. У нас не было абсолютно ничего, не было даже чем укрываться. Мы ходили по домам, нищенствовали, и я спрашивала себя: боже, со мной ли это происходит?

Идти в гетто я не хотела. Не могла себе представить, как смогу жить взаперти, в положении раба, чем буду кормить детей. Здесь, в городе, есть хорошие знакомые, они не чураются меня, помогают чем могут. А что будет там?

Однако нашлись и иные соседи. Выбили у нас стёкла, однажды в наше отсутствие набезобразничали, нагадили в комнате, делали всё, чтобы мы ушли. В конце концов нас кто-то выдал. В комнату вошёл полицейский, разговаривавший на смеси немецкого и польского, и начал допрашивать, почему я нахожусь в чужом районе.

— Ты ведь жидовка?

— Да, но у меня муж русский.

Было так тяжело на душе, что весь страх пропал. Его удивило моё спокойствие.

— С кем ты живёшь? — спросил он.

Я указала ему на девочку, сидевшую на полу, позвала мальчика.

— Мне собираться?

Он ничего не ответил и всё смотрел на меня.

— Почему ты не идёшь в гетто?

— А что мне там делать? Умирать с голоду? Если погибать, то можно и здесь, мне всё равно.

Он покрутился по комнате, вдруг резко повернулся ко мне:

— Живи тут.

Когда я спросила, что он имеет в виду, полицейский злобно выкрикнул: «Лебен зи хир!» («Живите здесь!») — и вышел.

Ко мне несколько раз приходили из домоуправления, требовали документы, на основании которых я живу здесь. Мне нечего было им показать.

— Или хлопочи об аусвайсе, или уходи.

И я ушла в Комаровку, к моим бывшим соседям Барсукам. Белорусы, они сами перебивались кое-как, голодали и всё же помогали, делились последним куском. Такие это были люди...

Я не сидела дома, кружила с детьми по городу. Оттуда, где нас принимали, сын не хотел уходить, капризничал:

— Мама, почему мы уходим? Нас же не прогоняют!

Он ещё не понимал, в каком положении мы находимся.

Однажды, когда мы с Леной Барсук пекли на кухне картошку, раздался сильный стук в дверь. У меня сердце оборвалось. Накинула на себя платок, повязалась так, чтобы во мне не узнали еврейку. В комнату вошёл хорошо одетый человек средних лет. Увидев его, Лена незаметно ущипнула меня. Я всё поняла. По её рассказам, рядом живёт неприятный тип, немецкий холуй, его надо опасаться. Это он и был. Непрошеный гость походил по комнатам, будто искал что-то, вернулся на кухню и начал потирать руки:

— Ох и погрелся я сегодня!

— Что это значит? — спросила Лена.

— В Пуховичах помогал евреев ловить.

Он пробыл недолго, на прощание сказал:

— Живём дом к дому, дай, думаю, зайду посмотрю, кто же здесь обитает — И при этом странно посмотрел на меня.

Положение стало невыносимым. Я решила оставить у кого-нибудь детей: пусть хоть они выживут а я уйду в гетто. К тому времени уже знала, что там находятся мой брат Мотя и сестра Ася.

Мой мальчик не был похож на еврея, и я отдала его в белорусскую семью Яциновичей. Когда я собирала его вещички, мальчик, видимо, всё понял и разрыдался. Позже мне рассказывали, как он приставал к хозяйке с расспросами:

— Тётя Маруся, почему мама не приходит?

Пришлось ей выдумать историю о том, что руины дома рухнули и убили меня. Когда становилось тревожно, он говорил им:

— Не беспокойтесь, я скажу так, как меня учили: маму убило, папа пропал на войне.

Годовалая девочка постоянно плакала, страдала от голода, заболела, начался понос, головку она совсем не держала, становилась всё слабее и без конца просила. «Дай, дай». Мне посоветовали подбросить её.

С трудом я решилась на это. Я слышала, многие евреи выносят детей из гетто, оставляют их на улице, и благодаря нашим людям, работающим в городской управе, этих детей забирают в детдом. Но как это сделать? Днём могут увидеть, ночью девочка замёрзнет. От этой картины у меня стыла кровь.

Выхода не было.

До войны в бухгалтерии завода имени Кирова работали две русские девушки. Они хорошо ко мне относились. Я учила их бухгалтерскому учёту. Бродя из дома в дом как побирушка, я столкнулась с одной из них. Рассказала ей, что хочу оставить Дину. Та расплакалась, начала отговаривать.

— Как вы можете бросить родное дитя?

— Аня, ты знаешь меня, знаешь, какая я была мать Меня ведь убьют, пусть хоть она останется в живых

Я начала просить её помочь, она отнекивалась, говорила, что одна не сможет. Я ухватилась за соломинку: «Ты только не отказывайся, я найду кого-нибудь».

Начала расспрашивать о другой девушке, Наде. Она дала мне её адрес. Я тут же пошла к Наде и рассказала ей обо всём. Она согласилась помочь.

Назавтра мы собрались у Ани. И надо же случиться, что в это время к Ане приехала на подводе её мать, направлявшаяся в деревню выменять вещи на продукты. С ней ехал один мой знакомый, тоже раньше работавший на заводе имени Кирова.

Узнав о том, что мы задумали, мать Ани велела положить девочку на подводу, а самим уйти. Я дала девочке кусок хлеба в руки, чтобы она не плакала, а в кармашек положила записку о том, что её зовут Нина Лепчикова.

Уйти далеко не было сил. Зашла за угол и стала ждать. Женщина пошла в ближайший полицейский участок, заявила, что ей подбросили ребёнка, и показала записку. Пришли двое полицейских и забрали ребёнка. Аня и Надя находились во дворе и делали вид, что эта история их не касается. Их полицаи и заставили отнести ребёнка в детский дом, дав направление из Управы.

А я пошла в гетто.

ГЛАВА ТРЕТЬЯ

Нет огня в очаге.
Нет дыма
Над крышей.
Нет времени жить.
Нет времени умирать.

Фолькер фон Тёрне
(перевод А. Богомолова)

Кто виноват в том, что кошка жрёт мышь, мышь, которая ни одной кошке не сделала никакого зла? Мы не знаем, в чём смысл этого, но мы хотим видеть еврейский народ в состоянии разгрома.

Гитлер

О**дин** неотвязный вопрос мучил меня всё время, пока я собирал свидетельства живых. Он не давал покоя, тиранил вновь и вновь. Зачем они шли? Зачем они шли в гетто? Не лучше ли было рассыпаться, разлететься, скрыться в пуще, связаться с партизанами (должны же они были существовать) или пробиться через линию фронта к своим?. И чем сильнее одолевали меня докучливые мысли, тем понятнее становилось, выхода у них не было. Всё было предопределено, и потому люди эти не подвластны ничьему суду.

Итак, почему они—в большинстве женщины, дети, старики—шли в гетто? Далеко не все понимали его сущность, многие питали иллюзии, надежды. Вместе, сообща, им казалось, легче пережить голод, болезни, смерть близких. И в этом они были правы. Кто кинет в них камень, кто посмеет осудить безоружных? Тогда они ещё не знали, что поставлена поистине дьявольская цель—уничтожить весь народ. Весь, без остатка. Скрыться в лесах, пробиться через линию фронта? Пробовали. Гибли в пути от пуль, голода. Несколько подростков пятнадцати-семнадцати лет в первые же дни ушли из гетто, лесами, болотами, просёлками добрались до Смоленска и не смогли пересечь линию фронта. Слишком ожесточённые развернулись бои. Подростки вернулись назад.

Переодевшись в деревенское, в лаптях отправился в Узденский район Кравчинский, тот самый, о ком шёпотом говорили в Дроздах, что он ночью под пулемётами убежал из лагеря, переплыл речку и скрылся. Отправился туда, где, по слухам, находились партизаны и разрозненные красноармейские части. Десяток яиц, предусмотрительно взятых с собой, помог ему доехать до Лошиц на попутной машине. Но в лесах он никого не нашёл и тоже вернулся в гетто.

Время организованных уходов в партизаны наступило несколько позже

Обитатели гетто зажили своей особой, ни на что не похожей, казавшейся немыслимой и однако вполне реальной жизнью.

Еврейский район обтянули колючей проволокой в пять рядов. Ни о какой каменной стене речь уже не шла. Выход из-за проволоки карался расстрелом. Общение с городским населением тоже. Любая торговля, покупка продуктов в городе — тоже расстрел. Не разрешалось ходить по тротуарам — толь-

ко по мостовым. Запрещалось пользоваться общественным транспортом, посещать театры музеи, библиотеки и прочие культурные учреждения.

Однако и за проволоку выходили (охрана на первых порах была менее бдительной), и в городе меняли вещи на продукты (не умирать же голодной смертью) и с русскими, белорусскими друзьями и знакомыми встречались, непременно вспоминая, как жили до войны дружной интернациональной семьёй, не ощущая ни малейшей взаимной вражды или антагонизма. Всё это с риском для жизни.

В семье рабочего Черно было четверо маленьких детей. Жена Черно Анна, не вынеся голодных ребячьих глаз, пошла в город к знакомым просить помощи. На обратном пути её остановили полицейские, отобрали продукты, повели в тюрьму и там расстреляли.

Такая же участь постигла Розу Таубкину, которая вышла за проволоку, чтобы встретиться с русскими родственниками мужа.

Действовал юденрат, насчитывавший шесть отделов: труда, снабжения, опеки, паспортный, пожарный и службу охраны порядка. Подобран был штат юденрата, очевидно, привычным для немцев способом. На улицах (ещё до окончательного переселения в гетто) поймали несколько евреев мужчин, привели в комендатуру и объявили им, что отныне они представляют еврейский комитет, обязанность которого — беспрекословно выполнять все распоряжения властей. За малейшую провинность — расстрел.

Председателем юденрата стал Илья Мушкин — в наказание себе за допущенную оплошность, дал понять офицеру комендатуры, что немного знает немецкий. На глазах поседел, сгорбился Мушкин, стал отворачиваться от соболезнующих, а чаще негодующих взглядов.

Каждое утро из ворот гетто отправлялись в город колонны людей. Использовали их на самых тяжёлых работах, в основном на разгрузке и погрузке. Дневная плата — похлёбка и сто граммов хлеба. Кто не работал, а таких в гетто было немало (старики, пожилые женщины, дети), не получал ничего. Не-

сколько сотен фахарбайтеров—рабочих, уцелевших после бойни в Дроздах, объединили в мастерские. Их труд пока был нужен, потому кормили их лучше остальных. Хотя понятия «лучше» и «хуже» выглядели весьма относительно.

Местным рабочим нееврейского происхождения выдавались специально выпущенные оккупационные марки. Неквалифицированные рабочие и служащие получали в месяц 25–30 марок, квалифицированные—40–50, мастера—60. А тарелка борща стоила три с половиной марки, яйцо—пять марок, сто граммов колбасы—десять. Существовали и плохо отовариваемые карточки. Евреи же не имели и такой мизерной оплаты.

Но всё это ещё можно было пережить. Совсем иное началось в августовские дни. Ночные нападения на дома яснее ясного показали, что ждёт гетто. По сравнению с этим всё прочее переставало иметь какое-либо значение.

Крики «Спасите!» будили по ночам и без того тревожно спавшее гетто. Немцы и полицейские (украинский и латышский батальоны, позже к ним присоединился литовский; хватало и прочей нечисти) врывались в дома. Кровь будоражила кровь, требовала новой крови.

Наутро ползли слухи, которым разум отказывался верить. В квартиру врача Эсфирь Марголиной вломилась банда, зверски избила всех, а двоих застрелила. Над семьёй Каплан долго измывались, отцу выкололи глаза, дочери отрезали уши. В другом доме, где жили молодые женщины, жёны командиров Красной Армии, полицейские устроили оргию. Заставили женщин раздеться догола и плясать на столе, потом изнасиловали и искромсали ножами. И грабежи, грабежи…

Верить приходилось, ибо зверства стали совершаться и днём, на глазах у многих. Чаще всего это происходило на улицах и в переулках, примыкавших к ограждающей гетто проволоке, — «гостям» так было сподручнее. Люди правдами и неправдами стали перебираться в середину гетто, подальше от проволоки.

Но случалось, что безоружные давали отпор вооружённым. Да и полицейские попадались разные.

Борис Хаймович:

Однажды в наш дом по Зелёному переулку ввалились двое, один в красноармейской форме без петлиц и с винтовкой, другой в гражданском с повязкой полицейского на рукаве, без оружия. Ставят нас к стенке. «Красноармеец» загоняет патрон в канал ствола и выкрикивает: «Гельд, гольд, зильбер, ур!» А полицай переводит: «Немедленно сдать деньги, золото, серебро, часы, а иначе вам всем хана».

Я отвечаю: мы беженцы, ценностей у нас нет. Тогда «красноармеец» стреляет поверх голов и повторяет своё требование. Я снова отвечаю — ничего нет. Во мне всё кипит от ненависти. Вооружённый вновь заряжает винтовку и концом ствола бьёт меня в живот. От боли перехватывает дыхание. Инстинктивно хватаюсь за ствол, отвожу дуло вбок и тяну винтовку к себе. «Красноармеец» теряется, лепечет по-украински: «Пусты!» Я ему: «Сопляк, я сейчас научу тебя, как стрелять!» — «Дяденька, пусты, я бильше не буду, я уйду».

Убей я его, и враги уничтожат всех жильцов дома, весь переулок. И я выпускаю ствол. Предатели сматываются.

Через день опять входят в дом, на сей раз два полицая. Начинается обыск, я не выдерживаю и заговариваю с одним:

— Как тебе не стыдно? Ты здесь грабишь нас, а где-то у тебя на родине такие же, как ты, грабят твоих родителей!

Смотрю: топчутся на месте, поворачиваются — и вон из дома. Видно, не всю ещё совесть потеряли.

14 августа разнеслось: ловят мужчин. Операцию проводили гестаповцы. Окружив часть гетто, они вламывались в квартиры с одним словом на устах — «меннер!».

Облавы повторились 26 и 31 августа. Всех пойманных погрузили на машины, отвезли на Юбилейную площадь, оттуда в тюрьму и там расстреляли.

По некоторым сведениям, погибло около пяти тысяч человек.

Арон Фитерсон:

Одной ногой я уже на чердаке, где обычно спасаюсь от облав, а второй едва в могиле не оказываюсь. Поздно услышал шум мотора и не успел. Что прикажете делать, если на раздумья считаные секунды? Жена не теряется, стаскивает с меня обувь, укладывает в постель и на голову пузырь с водой — вроде я болен. И тут же врываются два немца.

— Больной? — спрашивает один.

— Больной, — отвечает жена.

— Что у него?

— Почки.

— Зачем же на голове пузырь? — И вынимает пистолет из кобуры.

Дети плачут, жена бросается к нему, снимает часики и суёт.

— Но-но! — кричит на неё немец, не хочет вроде брать. Потом прячет пистолет, делает знак второму — пошли, мол. Тот выходит. Немец с пистолетом немного задерживается, закладывает руки за спину и тоже уходит, будто не замечая, что жена всовывает ему часики.

В последний день августа ловили молодых женщин. Кто попадётся, без разбору.

▪ Софья Гродайс:

Пройдёт или не пройдёт мимо? Длинный, сутулый, губы тонкие, ниточкой, плотно сжаты, отчего продолговатое вытянутое лицо кажется ещё злее. Как флюгер, вертит головой по сторонам, вперяется взглядом прямо в меня (я от щели в занавеске аж отпрянула) и медленным уверенным шагом движется к крыльцу. Не бежит, как другие, а именно движется, всем видом показывая, если кто в доме есть, от него не скроется. А у нас все попрятались, одна я осталась и дочка Лиля, трёх с половиной годочков.

Куда деваться? Внутри захолодела вся, а ко лбу и щекам, наоборот, что-то тёплое прихлынуло. Когда опасность наступает, я лучше соображать начинаю. Не то чтобы лучше, а быстрее. И возможности отыскиваю невероятные, потом сама дивлюсь на себя. Тихонько, без скрипа растворяю окно: пускай думает, что через него убежала. А сама мигом в кровать, под перину, распластываюсь, вжимаюсь в пружины.

Слышу, входит. У дочки спрашивает: «Где твоя мать?» Лиля, умница, говорит: «В окно убезала». Дети, они в гетто быстро соображать учатся. Немец кладёт руку на кровать, чувствую её тяжесть. Ну, думаю, пропала. Он ругается и выходит.

▪ Дора Шейвехман:

С самого начала я решила бежать из гетто. Когда очередным утром нас повели на работу, я смогла уйти в близлежащий лес. Ушли со мной ещё несколько женщин. В лесу встретилась со своей знакомой Быковой. Она не была в гетто, но тоже скиталась. 10 сентября я родила дочку. Быкова, старая опытная женщина, принимала у меня роды, перекусила пуповину зубами.

Но через несколько дней всё равно пришлось вернуться в гетто. Ведь там можно было найти хоть какую-то еду.

...Однажды нас выгнали на улицу. Людей видимо-невидимо. Начало темнеть. Повалил снег. Я была в шерстяном платке. Надела его на голову, завязала крест-накрест узлом на спине, а на груди под платком спрятала девочку. Как она ещё жила., не знаю.

Нас повели. Долго ли шли, не помню, страх все спутал. Подвели к еврейскому кладбищу в конце Сухой улицы. Я поняла, что ведут на расстрел.

Нас построили, и тут началась стрельба. Люди заметались как мыши. Вопли, визг, плач. Какое-то безумие. Тут меня мгновенно осенило. Вспомнила рассказ из детской книжки, как охотник упал, притворился мёртвым, и медведь его не тронул. Я так и сделала.

Когда совсем стемнело, стрелять перестали, крики и стоны немного стихли. Смотрю — дитя живое.

Анна Красноперко:

Асю Воробейчик и меня схватили во время облавы. Налёт, как всегда, неожиданный, внезапный. Бросили в машину, повезли. Куда везут? На тот свет? Крепко держимся за руки Не раз договаривались с ней: если поведут на расстрел, либо падать, либо бежать.

Привезли нас быстро. Выгрузили, пересчитали. Осматриваемся и видим: мы во дворе Дома правительства. Когда-то говорили, что архитектор, по чьему проекту построено это здание, был им недоволен. Считал, что дом некрасив. Мы и раньше не разделяли это мнение. А теперь глядим не наглядимся.

Но спохватываемся. Теперь в нём они, звери. Такие, как этот, большой, с рыжими глазами. Он стоит перед нами, помахивая плетью. Потом подзывает меня с Асей и что-то приказывает. Мы не понимаем. Он кричит, хлещет плетью у наших ног. Мы пугаемся. Он смеётся. Потом показывает на рулон рубероида, лежащий на земле. Догадываемся — приказывает поднять его. Ничего не получается. Немец хлещет плетью по рукам. Вздуваются кровавые полосы, ужасная боль. Что делать? Как же мы, две слабые девчонки, можем поднять такую огромную тяжесть?

Я берусь спереди и пробую взвалить проклятый рулон на плечи. Ася пытается поднять сзади. Рулон не поддаётся.

Слышу пронзительный крик, оглядываюсь — Ася лежит с окровавленным лицом. Бросаюсь к ней.

— Zuruck! (Назад!)

Я всё же подбегаю к подруге.

— Он меня... плетью по голове...

Я вызволяю Асю из-под рулона. Её сводят судороги. Она поднимает на меня светлые глаза. Мы прижимаемся друг к другу. Снова свистит плеть..,

С этой поры Ася заболела падучей.

Быт гетто складывается из сотен мелочей, он чрезвычайно чуток к моментально меняющейся обстановке. После августовских облав начинается повсюду сооружение потайных убежищ — «малин», как их здесь называют. «Малины» гарантируют сохранение жизни, и потому люди исхитряются как могут. Фантазия их не знает предела.

Одни строят тайник в чуланах, на чердаках, маскируя их всевозможными способами. Другие роют норы в погребах. Некоторые делают двойные стены. «Малины» прячут одну-две семьи, иногда больше. Местонахождение их тщательно скрывается. От сохранения тайны зависит многое, если не все. Это сознают даже дети.

Немцы и полицаи, вламываясь в пустые квартиры, неистовствуют, но редко находят убежища.

А беда подстерегает со всех сторон. Иногда она приходит оттуда, откуда её никак не ждали.

Анна Мачиз:

Такое моё счастье: в один день натолкнулась на обоих.

Серебрянский вынырнул из-за угла вместе со своими подручными и вырос передо мной. Бежать было поздно. Я обмерла. Хотя и знала, что он в гетто и такая встреча может произойти, внутренне оказалась к ней не готова. Естественно, не подала виду, что знаю его. Он тоже вздрогнул и отвернулся.

Зяма Серебрянский когда-то до войны жил недалеко от нас, наши матери были знакомы. И надо же случиться: я, следователь Прокуратуры Белоруссии, участвовала в процессе над ним и над его братом. Речь шла о растрате государственных денег. Братья пытались через мою маму уговорить меня помочь им избежать суда. Из этого, разумеется, ничего не вышло.

Освободился Серебрянский после отбытия наказания за пять дней до начала войны. В гетто он командовал еврейской службой охраны порядка. По малейшему поводу переходил на крик, размахивал палкой или плёткой — оружия ему и его «оперативникам» не полагалось. И вот ему-то я, бывший следователь, попалась на глаза.

Ладно бы этим день кончился. Так нет же. Увидел меня во дворе дома ещё один тип, мною ранее судимый, и тоже за растрату, — кассир Монисов. Его я, впрочем, опасалась куда меньше Зямы: возможности у него не те, мы с ним в одинаковом положении.

В доме у меня переполох, суета. Куда бежать от Серебрянского, где прятаться? Пока судили-рядили, пришла знакомая девушка, бывшая студентка юридического факультета, проходившая когда-то у меня практику. Отозвала меня в сторону. «Я к вам, Анна Семёновна, от Серебрянского. Просил передать — он ни в коем случае не злоупотребит своей властью, а если у вас возникнет нужда, чтобы дали ему знать, он поможет, так как он советский человек и не собирается мстить».

Вот как обернулось.

Уже позже узнала: Зяма установил связь с подпольщиками гетто, помогал партизанам, передавал в отряды одежду и оружие. Он подсказывал людям, когда ожидаются «акции», так что многие успевали спрятаться. А злобный вид был не более чем маска.

А вот от Монисова натерпелась… Шастал по домам, вынюхивал, всюду разыскивал меня. Каждую ночь вынуждена была скрываться в новом месте. Потом донёс в СД. Пришёл запрос в юденрат: где находится Мачиз? Доставить её в гестапо. Покопались в картотеке и ответили: «В списках не значится». Дело в том, что я при регистрации в юденрате записалась девичьей фамилией.

Что было дальше? А дальше Монисов попал в облаву и погиб. И я перестала прятаться.

Такое оно, гетто. Одни и под страхом смерти остаются порядочными, другие на краю гибели пытаются счёты свести. Общая беда, конечно, сплачивает, но она же и разъединяет — правде надо смотреть в глаза. Кое-кто только о своей шкуре начинает заботиться, низкие инстинкты вылезают наружу…

ГЛАВА Четвёртая

*А люди плакать разучились. Всем немного
совестно и как-то странно.*

И. Эренбург

*Он мог совершенно спокойно произнести во время
обеда между супом и овощным кушаньем; я хочу
уничтожить евреев в Европе. Эта война есть ре-
шающая схватка между национал-социализмом
и мировым еврейством. Что-то из них будет уничтожено, но это определённо будем не мы…*

Из воспоминаний о Гитлере
нацистского преступника Шпеера

В гетто продолжалась жизнь, вернее не жизнь, а нечто такое, чему нельзя было дать определения, неволя особого
рода, рождающая безысходность. И однако многие стали
задавать себе простой до очевидности вопрос: как себя вести,
чтобы не быть уничтоженными? Сидеть сложа руки и ждать
неизвестно чего, вздрагивая от каждого шороха, панически
забиваясь в «малины» при малейшем намёке на появление
немцев?

По одним данным, в гетто находилось около трехсот коммунистов и комсомольцев, по другим—значительно больше.
Разве дело в количестве? Иные из них все силы направили на
то, чтобы скрыть своё партийное прошлое. Таких ведь гестаповцы вылавливали и беспощадно уничтожали. Еврей, да ещё
коммунист—это, по их понятиям, слишком много для того,
чтобы позволить продлить существование хоть на один день.
Другие внимательно присматривались к окружающим. Ис-
подволь, подспудно зрело сопротивление.

◾ Борис Хаймович:

По натуре я человек решительный, привык действовать, а не мусолить — надо, не надо. То в мирной жизни. А в гетто приходится каждый свой шаг сто раз обдумывать, анализировать. Любая ошибка, малейший просчёт — и конец. Горький опыт учит, осторожность необходима.

Научен и я им, опытом. В Дроздах стали делить гражданских на евреев и неевреев, решил я к неевреям прибиться, полагая — их долго держать в лагере не будут. Так один тип, работали мы вместе в Белостоке, побежал доносить на меня фашистам. На махорку польстился — немцы объявили, кто выдаст замаскировавшегося еврея, пачку махорки получит. Или просто подлец оказался. Хорошо я вовремя сориентировался: нырнул под канат и затерялся среди отобранных евреев.

Доверять в такой обстановке можно только тому, кого знаешь как себя. Вот мы и решили собраться, несколько белостокских коммунистов, волею судеб попавших в гетто. Квартира надёжная, на дворе устанавливаем дежурство, на всякий случай. Дума у нас одна — организовать подполье

Яша Киркаешто до войны отделом пропаганды заведовал в Белостокском горкоме партии, парень что надо. Меер Фельдман — подпольщик со стажем, в Западной Белоруссии работал. Евсей Шнитман — мой добрый товарищ, с которым Дрозды пережили, тоже, как и я, директор текстильной фабрики. Не всех называю, есть и другие партийцы, с которыми уже в гетто познакомился.

Начинаем совещание наше. У кого какое мнение по созданию подполья? Молчат все смущённо, организация без руководителя, печатного органа, связей с людьми, в условиях гетто, где каждый день траур, — реальна ли она? Беру инициативу на себя. Подполье нужно не ради подполья, говорю, а с целью выйти самим и вывести других из гетто, достать оружие, вступить в партизанские отряды для борьбы с ненавистным врагом. Нет печатного органа — не беда, можно писать листовки от руки. Нет связей — наладим, нашли же мы друг друга.

— Раздобыть бы радиоприёмник и сообщать населению правду о положении на фронте.

Молодец Киркаешто, дельная мысль.

— По почерку могут обнаружить автора листовок. Неплохо на пишущей машинке размножать.

— Фельдман прав. Значит, понадобится машинка. Итак, наши главные задачи. Первое — создать хорошо законспирированное подполье. Второе — связаться с коммунистами вне гетто. Третье — раздобыть оружие. Четвёртое — найти действующих партизан и начать выводить людей в лес. Пятое — вести агитацию среди узников гетто.

Появилась организация, зовущая к борьбе. Шёл конец августа сорок первого.

В неё вливались новые и новые люди. Стихийно возникали подпольные группы. Главный принцип отбора — полное доверие. Объединялись соседи, друзья, коллеги по довоенной работе. Руководители групп искали связи, нащупывали, находили друг друга. Поддержка, взаимовыручка становились необходимой, неотъемлемой частью совместных действий.

Руководящий центр возглавили Яков Киркаешто, Натан Вайнгауз, Ефим Столяревич (подпольная кличка Гирша Смоляра). Комсомольцев организовала 20-летняя Эмма Родова. Она стала хранительницей всей сети связей, челноком между гетто и городом.

Абрам Туник:

Нечаянная радость — встретил Вайнгауза. Нашего Нотке, как все его зовут. Жили когда-то давно, до войны, неподалёку. Он был редактором еврейской газеты «Юный ленинец», я печатался в ней. Нотке Вайнгауз… Приземистый, плотный, подвижный как ртуть, живчик, тёмная вьющаяся шевелюра с седыми колечками (это у него, говорят, после тюрьмы). Не лишён, правда, бравады, обожает шум, треск, тарарам, но такой уж он человек. Любят его все, особенно молодёжь, он её кумир. Вечно ходил с ребячьими ватагами, распевал песни.

Нотке мне.

— Абраша, ты, кажется, электрик? А в приёмниках разбираешься?

— Немного разбираюсь.

— Нужен приёмник. Позарез.

Не стал я выпытывать, кому нужен и зачем. И так понятно. В городе висело объявление — всем сдать радиоприёмники. Склад расположился в зале оперного театра. Я устроился туда чернорабочим. Присмотрел неплохой аппарат. Как вынести? Он внушительных размеров, в карман или за пазуху не положишь. Сунул в мешок, обложил щепками — и на плечо. Немец у ворот: «Что несёшь?» — «Щепки и немного угля для печки. Впрок». Дал он мне пенделя, и я прошёл в гетто.

Назавтра рассказал о приобретении Вайнгаузу. Тот обрадовался, как ребёнок.

— Где хранить будешь?

— Не знаю. Пока на чердаке. Дом у нас большой, несколько семей живёт. Народу много, боюсь засыпаться.

Один печник, которому я не побоялся открыться, нашёл выход. «Я сделаю фальшивый лежак» А ведь здорово придумал! От русской печки и от голландки шли два лежака к общему дымоходу. А он соорудил третий лежак, фальшивый.

В нём я и замаскировал приёмник, а антенну вплёл в бельевую верёвку.

Теперь дело за батареями. Скульптор Бразер, я знал его, взялся помочь. Принёс четыре батареи и наушники в придачу. И заработал приёмник.

Нотке стал записывать сводки Совинформбюро, передовицы «Правды». Писал он очень быстро, строчил как автомат. Потом мы размножали тексты от руки, распространяли в гетто и в городе. Машинку бы пишущую…

Появилась и машинка. Украл её в жандармерии Квятковский, тёзка мой. Ходил туда с колонной из гетто выгружать уголь. Кочегар-военнопленный помог, вдвоём они с б о м б и л и (одно из популярных слов лексикона гетто) машинку.

Сколько мог продержал приёмник у себя. Стало небезопасно. Соседи косятся: чем это он с друзьями на чердаке занимается? Я — к Борису Фунту, приятелю, живущему по соседству: «Выручай». Тот: «Ты не один, ещё с кем-то слушать будешь?» — «Не один». — «Абрам, там, где трое, секрета нет». — «Ты что, Боря, Вайнгаузу не доверяешь?» — «Нотке? Тогда другое дело».

Перенесли приёмник к Фунту на чердак. Оттуда— к Хонону Гусинову, в подземное укрытие.

Гибли люди, лучшие люди. При передаче листовок в городе был схвачен Фунт, расстреляли Гусинова. А приёмник и машинка существовали, переходили из рук в руки, и голос Москвы звучал в гетто, вселял в узников стойкость и веру.

Приёмников в гетто было несколько. Слушали Большую землю и члены подпольной группы Хаймовича. Один аппарат прятали в доме Нади Рудицер на Ратомской. Дом стоял удобно—над глубокой ложбиной (*так называемой «ямой», где сейчас памятник пяти тысячам погибших евреев.—Д.Г.*) К нему не так просто было подобраться немцам.

Рудицер—и девичья фамилия Нади, и её фамилия по мужу, такое совпадение. У мужа был близкий друг—Абрам Релькин, он попал в Дрозды. Надя принесла ему туда вместе с передачей своё платье. Абрам переоделся и в женском платье ушёл из лагеря. Таким же образом Надя вывела ещё несколько человек. Причём Релькин помогал ей, совершая свои походы в Дрозды в том же платье—с тонким, нежным лицом он легко сходил за девушку.

Надя и Абрам записывали сводки из Москвы. Вскоре к ним присоединился Яков Песин. Добытые приёмник и машинку установили на чердаке его дома на Подзамковой. Лучшего места не придумать, дома там стояли впритык, на чердак Песина можно было попасть, только минуя три соседних чердака, отгороженных один от другого. При облавах приёмник и машинку успевали спрятать.

В гетто и за его пределами сведения с Большой земли распространяла Дина Бейненсон- Пролезала под проволокой, снимала латы—ив город. Смерть ходила за ней по пятам.

В сарае дома Рольбиных (Евель Рольбин возглавлял ещё одну подпольную группу) было оборудовано несколько тайников. В один из них, самый большой, вёл ход через кафельную печку-голландку. В тайнике имелся приёмник. Сын Рольбина, шестнадцатилетний Михаил, перепечатывал сообщения на машинке, украденной Ароном Фитерсоном, и не где-нибудь — в самом юденрате во время обеденного перерыва. Ну и был тогда переполох: пропала лучшая машинка! Но большой шум поднимать побоялись, немцы за пропажу взгрели бы.

А тем временем ещё одна группа занялась и вовсе, казалось бы, невозможным в условиях гетто — устройством нелегальной типографии.

▨ Елена Майзлес:

— Все понимают, на что идут? — спросил Наум Фельдман, руководитель группы.

Ещё бы не понимать. Уже сам выход за проволоку в город пахнет расстрелом. Правда, тут ещё можно попытаться подкупить полицая или немца, смотря кому попадёшься, придумать что-нибудь, отвертеться — немало таких случаев. Но если пойман со шрифтом…

В группе нашей в основном бывшие печатники типографии имени Сталина, до войны самого крупного полиграфического предприятия Белоруссии. Технический директор Чипчин, начальник литографического цеха Окунь, наборщики Опенгейм, братья Капланы, Прессман… Немцы их по специальности используют, в своей типографии «Прорыв». Рядом — военнопленные. Один из них, Андреем Ивановичем назвался, как-то подходит к Иосифу Каплану и предлагает помочь вынести шрифт в гетто, чтобы наладить выпуск листовок. К таким предложениям обычно относятся с недоверием — похоже на провокацию. Мы не дали ответа. Ждём. Дня через три приносит картошку. Дорогой подарок. Посоветались мы с нашими и решили рискнуть.

В начале сентября Фельдман и я встречаемся с Андреем Ивановичем (потом выяснили — настоящая его фамилия Иванов, Николай Иванович). Раз, другой. Обо всём договариваемся. Каплан подключает жену знакомого журналиста Глафиру Суслову.

Шрифт выносится так. Андрей Иванович и трое его друзей скрытно заходят в подвал типографии, набивают шрифтом небольшие пакетики и прячут их за пазуху или в карманы. Заканчивается рабочий день, колонну ведут в гетто, они вместе с евреями выходят незамеченными за ворота. Аусвайсы у них имеются, но попадись они на улице патрулю, который захочет их обыскать...

Шрифт прячут у Сусловой в сарае среди торфяных брикетов. К ней приходят связные из гетто и забирают пакетики. Просто. Смертельно просто.

Связные наши — отчаянные ребята Миша Ароцкер, Марк Бразер — сын скульптора, Давид Герциг по кличке Женька.

Шрифт доставляют и наши печатники. Иногда прячут его на татарских огородах, и комсомольцы потом приносят ко мне и Окуню.

Очень удобно располагается «Прорыв»: за типографией течёт Свислочь, рядом мост, начинаются огороды, в конце которых — гетто. Это облегчает доставку шрифта.

Выносятся в разобранном виде и части печатного станка, наборная касса.

И заработала типография! Под носом у немцев, на Немиге, в подвале дома номер восемь. Отвечал за неё Михаил Чипчин. Наладили выпуск периодического листка «Вестник Родины». Маленького формата, он вмещал в себя сообщения с фронтов, обращения партизан к населению Минска... Удалось Чипчину набрать и сверстать отдельной брошюрой доклад Сталина о 24-й годовщине Великого Октября.

Листовки расклеивались по городу. Их жадно читали в гетто. Они свидетельствовали о том, что мы не смирились со своей участью, мы боремся.

Израиль Лапидус:

Возвратясь в Минск после скитаний по лесам, просёлкам, болотам, я мечтал об одном — наладить связь с подпольщиками.

На поиски такой связи времени мне было отпущено, прямо скажем, скупой мерой. В городе меня многие знали: как-никак бывший инструктор обкома партии. Имевшиеся при мне документы — партбилет, удостоверение обкомовского работника и газета с речью Сталина от 3 июля — также требовали решительных действий: долго с ними не проходишь, до первой облавы. И я в первые же часы пребывания в Минске направился домой к старому товарищу, видному партийцу, честнейшему человеку.

Выбор на него пал не случайно. В тридцать седьмом его оклеветали, приписали ему службу в контрразведке какой-то белой армии, не то Колчака, не то Деникина. А на самом деле он был начальником контрразведки одной из дивизий Красной Армии. Вот так. Исключили его из партии. Позора он не вынес, пытался покончить жизнь самоубийством. Выстрелил в висок, но невероятным образом уцелел, только ослеп на оба глаза.

В итоге (редчайший случай!) моего товарища восстановили в рядах партии и приняли на работу преподавателем истории ВКП(б).

«Бывший начальник контрразведки деникинской армии», «жертва большевистского террора»… Чем не находка для гитлеровцев, которые наверняка попытаются использовать его в своих целях. А ему и карты в руки — лучшей возможности вести подпольную работу и не придумать.

А может, он эвакуировался с женой и детьми? В общем, выбора у меня не было, и, ведомый верой в составленную неуёмной фантазией красивую легенду, я пошёл на квартиру, где бывал не раз.

Жил мой товарищ в центре города. Поднимаюсь по лестнице, останавливаюсь у знакомой двери, звоню. Слышу щелчок замка, дверь бесшумно открывается, и в образовавшемся проёме появляется немецкий офицер. Он скользит по мне взглядом, бурчит что-то невнятное, вроде «пошёл вон», и захлопывает дверь.

Я замираю с вытянутой вперёд рукой. И тут же начинаю понимать — спасла меня именно рука, приготовившаяся пожать руку друга. Немец принял меня за нищего, просящего подаяние.

Я был ошеломлён не столько тем, что увидел, сколько своей легкомысленностью: до чего же по-детски мне захотелось увидеть желаемое в действительности.

Потом я узнал, мой товарищ с женой и сыном, как и многие, пытался уйти из Минска. Они пошли по Могилёвскому шоссе, дошли до Смиловичей. Но в тот же день там оказались немцы. Предатели выдали фашистам моего друга. Его и членов его семьи повесили.

Придя в себя, я чёрным ходом вышел во двор и по какой-то кривой узкой улочке стал спускаться вниз к Немиге. Короткий слякотный день близился к концу, сгущались сумерки, приближался комендантский час. Появились усиленные патрули.

Что делать? Куда идти?

Приходит простая до очевидности мысль: в гетто, о существовании которого я уже знал. Да, пока в гетто. Может быть, там и моя семья? Там я наверняка найду соратников по борьбе.

Пока я размышляю, навстречу попадаются два полицая. На узком деревянном тротуаре уступаю им дорогу. Не успеваю с облегчением вздохнуть, как слышу сзади:

— Эй, ты!

Останавливаюсь, поворачиваюсь к полицаям.

— Ты хто такий?

— Я? — спрашиваю с удивлением.

— Не, не ты, гэта, можа, я сам у сябе пытаю, — в тон мне разъясняет высокий молодой усатый полицай. — Адказвай, а то я зараз растлумачу, хто у каго пытае! — говорит он теперь уже с угрозой и снимает с плеча карабин.

— Ня трэба разъяснять. Я Хасан! Хасан я. Хіба не ведаете?

— Які ты Хасан, што цябе усе павшны знаць?

— Каму трэба, усе і знаюць Кананацкага Хасана, — говорю и подаюсь всем корпусом вперёд, придерживая в кармане пистолет.

— Які тэта Хасан? — спрашивает усатый полицай у безусого.

— А ну яго к чорту, мабыць, і сапрауды не трэба з ім звязвацца, пойдзем, а то спазнімся, — зовёт безусый полицай усатого. Тот плюёт сквозь зубы и кричит:

— Дык чаго ты тут шляешься, свиное вухо? А ну бяжы адсюль бягом, татарская морда! — И карабин на изготовку.

Ко всему я внутренне готов: к тюрьме, допросам, пыткам, готов погибнуть в открытом бою, но чтобы убили вот так, как бродячую собаку, с весёлым гоготом? Нет, не выйдет у вас, фашистские прихвостни!

Из всего того, что пришлось видеть и пережить, я ещё раньше сделал вывод: если человек сам себя уже приговорил к смерти, он непременно погибнет в ближайшей встрече с врагом. А я не хочу погибать, я хочу участвовать в борьбе!

Делаю рывок в сторону, в открытые ворота какого-то двора, ещё рывок — угол сарая, сад, забор. Выстрел и смех. Всё позади.

Опять улочка круто спускается вниз к проволочному заграждению. Оно уже мне знакомо. Это гетто.

Темнеет. Начинается дождь со снегом или снег с дождём — всё едино.

У колючей проволоки стоит женщина. В темноте трудно разглядеть её лицо.

— Здравствуйте, — говорю шёпотом.

Женщина вздрагивает, оглядывается:

— Здравствуйте…

— Не знаете, как пройти туда? — показываю в сторону гетто.

— Здесь можно. Но сейчас уходите, уходите… — И падает на землю.

Падаю вслед за ней. Приближаются тяжёлые шаги патруля. Женщина шепчет: «Бежим», — и пытается подняться. Прижимаю её к земле: поздно. Достаю пистолет. Полицай почти над нами. Нажимаю на спусковой крючок. Выстрел. Полицай вскрикивает, падает, корчится, ругается, стонет. Ещё одна пуля успокаивает его навсегда.

Женщина потрясена, вся дрожит, слышно, как зубы клацают.

— Бежим быстрее. — Она тянет меня за руку.

— Нет. Надо спрятать его, иначе встречный патруль тревогу поднимет.

— Здесь недалеко канализационный колодец, — подсказывает женщина.

Спускаем полицая в колодец и закрываем крышкой.

Так я пришёл в гетто.

Меня ждала огромная радость — я нашёл свою семью. Жена и сын не чаяли увидеть меня живым, а я, если признаться, — их. Жена рожала в гетто, новорождённый вскоре умер, я его так и не увидел.

Здесь я, как и ожидал, встретил хороших знакомых. Меня связали с руководящим центром подполья, и я включился в работу. Но с самого начала пребывания за проволокой сказал себе веско и твёрдо: при первой возможности надо уходить в лес, к партизанам, и не одному, а с группой подготовленных вооружённых людей. Наше место — в рядах мстителей, а не узников.

Одним из тех, к кому особенно тянулись в гетто, был Натан Вайнгауз. Уехав из Белоруссии в Биробиджан укреплять Еврейскую автономную область, руководитель тамошнего радиокомитета вернулся домой незадолго до начала войны. Сопутствовали этому сложные обстоятельства.

В июле тридцать восьмого Натан Вайнгауз, его коллега по радиокомитету писатель Григорий Добин и Гольденберг — редактор газеты «Биробиджанер штерн» были арестованы как враги народа. Их обвинили в шпионаже. Все трое якобы мечтали о воцарении в Биробиджане японского императора. Около села Михайло-Семеновское был крохотный мостик через речку, которую и курица могла перейти. Так вот они хотели взорвать этот важный стратегический объект.

В камерах тюрем Биробиджана и Хабаровска, где время коротали в бесконечных дискуссиях, спорах, выяснении истины, на ночных допросах ими владела только одна мысль: можно ли поверить в то, что кругом сплошные враги народа и они сами из их числа? Испытывая смятение, они заглядывали в себя, как в глубокий колодец, всматривались в своё отражение, снова и снова адресовали себе жёсткие, беспощадные слова, сказанные следователем, и мысленно слышали глухой ответ: в э т о н е л ь з я п о в е р и т ь.

Бывший аппаратчик с пеной у рта доказывал в камере: кругом царят произвол, преступная самодеятельность, товарищ Сталин не знает о массовых арестах, о наветах и поклепах, возводимых на кристально чистых, преданных партии людей, тем более в Биробиджане, за тысячи вёрст от Кремля, на краю света. Надо написать в Москву коллективное письмо и любой ценой постараться передать его на волю.

Находившийся под следствием военный из Особой Дальневосточной армии Блюхера отстаивал свою позицию: во всём том, что происходит, есть своя логика и своя правда. Грядёт война, испанские события показали: схватка с фашизмом неизбежна. Народ должен освободиться от накипи и мути, стать монолитно крепким, единым. При этом совершаются ошибки: вместе с врагами и контриками берут людей ни в чём не замешанных, ни в заговорах, ни в предательстве. Лес рубят — щепки летят.

Учёный, которого забрали прямо с его лекции по истории ВКП(б), возражал обоим. Не может столица не знать, что делается повсюду. Полгода назад он гостил в Ленинграде у брата. У того в институте треть специалистов посадили, все на виду, открыто. В газетах пишут: там враги, тут шпионы… И не в том дело, что единство государства укрепляется. Доносчиков, сексотов развелось точно мух — вот в чём причина. Добровольных и подневольных. Одного битьём заставляют на товарищей клеветать, второго страх гипнотизирует, третий свой долг выполняет, как партия учит, четвёртый просто тёмен и сер. «Разве нас с вами не принуждают на допросах на других п о к а з ы в а т ь, а? — спрашивал он. — То-то. Идут доносы, тысячами, может, миллионами, и забирают людей пачками…»

Голова шла кругом от всего этого. Вайнгауз и двое его товарищей не всё понимали, не всему верили, колебались и сомневались вместе с другими, но ни на мгновенье не пошатнулась в них вера в то, ради чего они жили.

Через два года их освободили. Вернули партийные билеты. Вайнгауз и Добин уехали в Белоруссию: Натан — в Минск, где жила его семья, Григорий — в Белосток.

И вот попали за проволоку в гетто.

Все их мысли были об одном: скорее найти выходы на подпольщиков Минска и партизан. В начале ноября первая радость. Вездесущий Герциг (подпольная кличка — Женька) сообщает: с подпольщиками хочет увидеться товарищ из города. Отряжают на встречу Столяревича (Смоляра). Проникнув за проволочное ограждение и сняв латы, Женька и Столяревич идут на Обутковую улицу (она на границе с гетто). В условленном месте их ждёт человек, назвавшийся Славкой.

Славка — подпольная кличка Исая Павловича Казинца — еврея по национальности. Он активно участвовал в создании подпольной организации в Минске, возглавлял так называемый допартком — дополнительный партийный комитет. Казинец и его соратники сделали немало: наладили деятельность подпольных звеньев («десяток») и групп, установили связи с железнодорожниками, рабочими ряда предприятий города, помогли в создании подпольной типографии, где в основном трудились печатники-евреи, вышли на связь с партизанскими отрядами.

Славка неоднократно бывал в гетто, встречался г его представителями.

В конце марта 1942-го Казинца и нескольких его товарищей арестовали. Аресты продолжались и в апреле. Исая Павловича страшно пытали. Можно только догадываться, какие муки он вынес. Его повесили 7 мая 1942 года в Центральном сквере Минска. Последние слова Казинца были: «Да здравствует Красная Армия!»

8 мая 1965 года, то есть через двадцать три года и один день после гибели, Казинцу посмертно было присвоено звание Героя Советского Союза. Его именем названа улица столицы Белоруссии.

Его интересуют два вопроса: по чьей инициативе создан руководящий центр подполья и что он намерен предпринять? Славка полностью соглашается с Ефимом: надо выводить боеспособных мужчин в партизанские отряды.

Кое-какая связь уже наметилась. В сентябре в гетто пришёл посланец из леса. Фамилии своей не назвал, сказал только: круглый сирота, детдомовец, еврей, зовут Федя.

Провели его в котельную инфекционного отделения больницы, служившую своего рода явочной квартирой. Федя скинул куртку и сразу превратился в шустрого бойкого хлопца. Хлопец этот вмиг посерьёзнел, едва речь зашла об отряде. Рассказывал, приходится быть постоянно в движении, не хватает оружия, тёплой одежды, медикаментов. Трудности велики, отсюда вывод: пополнение из гетто должно быть крепким, стойким, желательно с военной выучкой.

Отослали с Федей письмо его командиру, в котором сообщали: гетто готово предоставить в распоряжение отряда все свои наличные силы. Как только командир даст знать, он тут же получит всё, вплоть до оружия. Есть немало людей, готовых при первой же возможности уйти с этим оружием в лес.

…Почему одни люди осыпаются на дно мелким песочком, а другие встают поперёк течения неповоротным камнем, который оно, течение, если хватает сил, безжалостно сносит, а если не хватает—вынуждено обтекать со всех сторон, мириться с его существованием? Нет ответа. В условиях гетто осыпаться песочком, тихо лечь на дно означало верную гибель, и только борьба, только попытка встать поперёк беспощадного течения могла дать шанс выжить и спасти других. Многие боролись. Назову лишь нескольких.

Яков Киркаешто. Бывший беспризорник из молдавского местечка, босяк, воспитанник Одесского «Еврабмола»—Дома еврейской рабочей молодёжи, он научился тачать сапоги, потом пошёл учиться, окончил в Москве курсы пропагандистов при ЦК…

Гирш Смоляр. Журналист, умница, проницательный, всему знающий цену. И как мало заботился о себе… Иногда товари-

Минское гетто

щи чуть ли не силой засовывали ему в карман кусок хлеба—ведь он тоже голодал. А Гирш отдавал хлеб первому встретившемуся ребёнку. Редко какую ночь он проводил в одном месте. В котельной больницы была его явочная квартира. Относительно безопасная: немцы панически боялись заразы и туда носа не совали.

Эмма Родова. Бывшая работница райкома комсомола, молчаливая, замкнутая, немного даже отчуждённая, совсем ещё девчонка, но прирождённый конспиратор, она признавала только точный, строгий, ясный язык приказов, никакой лирики. Голодала, питалась картофельной шелухой, но попробовал бы кто-нибудь предложить ей помощь—разобидится.

Давид Герциг, по кличке Женька. Связной, жил по поддельному паспорту в городе. Ловчее его вряд ли кто проникал в гетто и выходил из него.

И если уж погибали, то так, как Киркаешто. В одно из воскресений он участвовал в конспиративной встрече, уходил огородами и нарвался на полицейских, прочёсывавших дворы в поисках мужчин. Его окликнули. Мог бы, наверное, рвануться обратно, попытаться спрятаться в «малине» дома, где только что разговаривал с товарищами. Но он поступил иначе. Помнил требование, предъявленное подпольщиками самим себе: в случае ареста, провала живыми не даваться. Побежал в противоположную сторону — отводил от места, где остались товарищи. И не стало Яши… Вместо него ввели в состав руководящей тройки Михаила Гебелева, бывшего работника Сталинского райкома. С виду улыбчивый, добродушный, но в голубых глазах нет-нет да и полыхнёт отчаянная решимость. Такого, как речной валун, не сдвинуть с места никакому течению.

Думая о них, невольно приходишь к убеждению, что понятия добра, порядочности, самопожертвования — абсолютные, они не обесцениваются в зависимости от ситуации. Например, в ваш дом пришла соседка и попросила килограмм муки или каравай хлеба. В обычное время дали бы и забыли. А если война, если собственные дети кричат от голода, поделитесь мукой или хлебом? Делились. И это было высшим проявлением, мерилом человечности. Делились действительно последним. Не все, разумеется, но многие, очень многие, ибо так и не смогли фашисты вытравить из людей человеческое.

А портить на кожзаводе материалы и сшитую для немцев одежду — разве это не мужество в условиях гетто? А забивать им в обувь гвозди? А в авторемонтных мастерских подсыпать в масло наждачный порошок, чтобы плавились подшипники моторов? А выносить с немецкого оружейного склада затворы, подающие механизмы, магазинные коробки, ленты с патронами к пулемётам? А собирать лекарства, марлю, бинты, телогрейки, ватные штаны, сапоги, валенки для будущей отправки в партизанские отряды? А выдавать подпольщикам поддельные справки о болезни, спасать их в больнице от гестапо? А изготавливать поддельные паспорта? Разве для всего этого не требовалась сила духа?

Натан Вайнгауз попал в погром 20 ноября 1941-го. У него начинался тиф. Внезапно нагрянувшие гестаповцы стащили его с кровати, и он разделил участь нескольких тысяч узников, расстрелянных в тот день. Погибла и его семья.

ГЛАВА ПЯТАЯ

Средь множества скорбей, средь подлости и горя,
Когда разбой и мрак вершат свои дела...

Мартин Опиц *(перевод Л. Гинзбурга)*

...Мы должны развивать технику обезлюдивания.
Если вы спросите меня, что я понимаю под обезлю-
дpиванием, я скажу, что имею в виду устранение це-
лых расовых единиц. И это то, что я намерен осуще-
ствить, это, грубо говоря, моя задача. Природа же-
стока, поэтому и мы можем быть жестокими. Если
я могу послать цвет германской нации в пекло вой-
ны без малейшего сожаления о пролитой ценной гер-
манской крови, то, конечно, я имею право устранить
миллионы низшей расы, которые размножаются как
черви!

Гитлер

Над гетто повисла тишина. Она пала внезапно, как темно-
та перед смерчем, впитала голоса, шорохи, скрип дверей
и, казалось, накрыла территорию за проволокой непро-
ницаемой звукоизолирующей оболочкой.

Можно было бы назвать установившуюся тишину м ё р т-
в о й. Но она была живой, ибо в домах существовали люди,
которые насторожённо прислушивались к внешним звукам,
проникающим через стёкла и приоткрытые форточки с улиц.
Чтобы внятно, без задержки улавливать каждый звук—а от
этого зависело многое—они невольно, не сговариваясь, повинуясь инстинкту, сжались и смолкли.

Тогда они ещё не вывели для себя правило (оно сформу-
лировалось потом и ни разу не обмануло): внезапная тишина всегда сопутствует «акции». Тогда по гетто будто нечаян-

но просквозил и обдал ледяным холодом слух — немцы что-то замышляют. Кто-то ссылался на верный источник в юденрате, кто-то что-то слышал в городе во время работы: немецкий и идиш во многом схожи. Слухи сходились в одном: фашисты не оставят в покое в годовщину Великого Октября.

И ещё один признак безошибочно указывал — быть беде. Внезапно из концлагеря на Широкой нагрянул помощник коменданта Городецкий, чернявый, статный, в кожане, до скрипа затянутом ремнями, как всегда, с улыбочкой на красиво вылепленных губах. Его, сына белогвардейки и прусского солдата, уже знали в гетто. Частенько врывался он сюда со своей ватагой. Избивал, насиловал, грабил. И всегда с улыбочкой. Хмурым его никто ни разу не видел.

На сей раз Городецкий не разбойничал, был по-деловому сосредоточен. Предъявил юденрату список мастеровых, узнал, кто где живёт, обежал дома, забрал нужных ему людей и увёз с собой в лагерь. Туда же перебралась часть юденратовцев.

Мало кто в гетто спал в эту ночь. Забившись в «малины», судорожно прислушивались, как там, на улице?

На рассвете 7 ноября в гетто въехали большие чёрные закрытые машины. Следом прибыли полицейские и гестаповцы. И началось… Оцепив часть улиц (Республиканскую, Островского, Немигу, Шевченко, Хлебную и некоторые другие), ворвались в дома, повыгоняли всех и начали погрузку. Набивая машины до отказа, вывозили людей за город, в Тучинку, в старые бараки, и возвращались.

Весь день курсировали машины из гетто в Тучинку. В бараках в неимоверной тесноте и духоте скопилось тысяч двенадцать народу, никак не меньше. Их держали много часов без еды и воды, а потом расстреляли у заранее вырытых ям. Никому из тех, кто попал в лапы гестаповцев, не удалось спастись. Впрочем…

▨ РИВА БОРИШАНСКАЯ:

Жили мы большой семьёй на улице Островского, в доме на втором этаже. Спрятались в «малине». Собственно, «малиной» назвать это было трудно, угол комнаты отгородили шкафом, за ним и скрывались. Первый раз немцы нас не обнаружили, второй их приход оказался роковым.

Никогда не забуду сапоги гестаповца, поднимавшегося по наружной металлической лестнице. Они и сейчас у меня перед глазами — зловещие, несущие неотвратимое...

Согнали нас всех в колонну недалеко от хлебозавода. Передним дали флаги — праздник ведь. Фотографировали. Потом начали отбирать нужных мастеровых — фахарбайтеров, заталкивать их в ворота хлебозавода. Мама бросилась со мной туда. Её выгнали, а я, будучи маленького роста, несмотря на свои пятнадцать лет, уцепилась за какого-то мужчину и вместе с ним незамеченной попала в спасительные ворота.

Колонну со знамёнами погнали вперёд, а нас поставили на колени. Долго выдерживали на холоде...

Вернулась я домой — из-под кровати дядя вылезает. Мы с ним вдвоём и остались живы.

Софья Коган:

Я осталась жива после первого погрома 7 ноября. Уже находилась в «чёрном вороне», но немецкий солдат высадил меня со словами, сказанными по-немецки, который я неплохо понимала: «У тебя голубые глаза и светлые волосы, таких евреек не бывает. ..»

Анна Красноперко:

Жуткую новость принесла Дина Голанд. Она услышала, что немцы оцепляют Немигу. Все поняли — начался погром.

Мрачной стариной пахнуло от этого слова — погром. Знали мы его по книжкам, по рассказам дедушек и бабушек.

И вот ожило зловещее слово.

— Надо скорее прятаться, — испуганно говорит Дина.

Мама озирается по сторонам.

— Где бабушка?

Её нет, куда-то пошла.

Мама велит быстро собраться. Берегом реки крадёмся к мосту. Без жёлтых меток, в платочках мы похожи на сельских жителей. Блуждаем по Торговой, по Бакунина мимо церкви.

— Пойдём к Тоне, может, пустят, — уговариваю я маму (Тоня — наша бывшая соседка).

Мама раздумывает:

— Они живут возле самого пекла... Сами напуганы...

Да, действительно, Тоня со своей мамой, Дарьей Степановной, живут на Школьной, у Немиги. Когда на той её стороне, где гетто, убивали людей, Тонина семья всё видела.

Нам некуда деться. Почему-то, как пришпиленные, бродим около гетто. Останавливаемся возле бани, поднимаемся к больнице, снова Торговая, снова Бакунина.

Идёт дождь. Мы вымокли до нитки. Дрожим, ёжимся от холода.

— Пойдём к Тоне, — прошу я.

Мама вспоминает добрую душевную Дарью Степановну, соглашается:

— Попросимся погреться.

Спешим туда, где живёт Тоня. Стучимся в дверь. На пороге Дарья Степановна, Тоня. Страх, слёзы в глазах...

Тонина мама молча захлопывает перед нами дверь. Долго в ушах стоит этот больно отозвавшийся в сердце грохот.

Это была первая из запланированных в гетто крупных «акций» по уничтожению населения. За ней последовала новая — 20 ноября. Немцы объяснили кому-то в юденрате: «7-го план оказался недовыполненным».

20-го, однако, многим удалось уцелеть.

▒ Евсей Шнитман:

Немцы учились распознавать наши «малины». Входя в дом, первым делом простреливали стены, потолки, полы. Что оставалось? Делать ещё более надёжные скрыты в самых неожиданных местах.

У меня с Хаймовичем родилась такая идея. В сарае хранился запас колотых дров, сложенных в два ряда. К сараю примыкал туалет, одна стена у них была общая. Мы оторвали три доски со стороны туалета, из внутренней кладки выбрали часть дров, образовавшуюся нишу укрепили кольями.

Пронёсся слух: эсэсовцы опять готовят «акцию». Мы с Хаймовичем забрались в нишу. Еле втиснулись. Сидели, согнувшись, лицом друг к другу, в обнимку — иначе не поместиться. Моя мать прибила доски на место. Так мы провели ночь на двадцатое ноября.

Забрезжило утро. Мы стали смотреть в щели — что происходит вокруг? Дворы были голые (заборы использовались на дрова), округа хорошо просматривалась. Примерно в десять часов со стороны Юбилейной площади показалась цепь эсэсовцев. В наш двор вошли два немца.

— Во зинд ди меннер? — спросили у моей матери.

— Нет мужчин, — ответила она на идиш, и немцы поняли.

Они обшарили углы, привычно постреляли по стенам и чердаку (это мы слышали и частично видели), заглянули в сарай и никого не обнаружили. Один захотел в туалет, открыл дверцу, другой остановил его, объяснив, что, по его мнению, еврейская уборная хуже цыганской. Они стали справлять нужду на ту стенку, за которой мы прятались.

Сердце у меня бешено колотилось, и я отчётливо слышал, как напряжённо бухало сердце Бориса. В стене были довольно широкие щели, стоило немцам внимательнее посмотреть, и всё решила бы короткая автоматная очередь.

Беспомощное сидение «в малине» ускорило наше решение уйти в партизаны.

Григорий Добин:

Утро выдалось туманное, промозгло-холодное. Я поднялся и пошёл на работу — числился сапожником в мастерской при украинском полицейском батальоне лагеря на Широкой. В мастерской, кроме сапожников, были портные. Туда нас ежедневно водили из гетто.

Вижу сквозь туман: какие-то люди образовали кордон. Немцы. Говорю: «Мне нужно идти на работу», — и показываю аусвайс. Эсэсовец: «Жена у тебя есть?» — «Есть», — отвечаю, хотя о жене своей после того, как осталась она с сыном в Белостоке, не имел никаких известий. «Иди домой, не надо идти на работу сегодня», — он сделал нажим на слове «сегодня».

Жил я на Замковой в семье Пикусов, отдавал им скудный паёк — мастеровых немцы хоть как-то кормили. Состояла семья Пикусов из стариков-родителей, трёх дочерей (одна замужняя с ребёнком) и сына. Одну девушку, Иду, знал раньше: она была секретарём в редакции газеты «Октябрь». Она-то и приютила меня. Вернулся домой. Пикусы мне: что случилось, на тебе лица нет. Плохо, отвечаю, погром будет. Следом немец заскакивает: «Выходите все», — и гонит нас на площадь.

Площадь у Замковой кишмя кишит людьми. Кто с вещами, кто без вещей и даже раздетый. Вопли, стоны. Операцией руководят немецкие офицеры в красных шарфах на шее (шарфы кажутся кровавого цвета), участвуют полицейские-латыши. Пробую кинуться к полицаю и получаю удар прикладом. Немцы кого-то отбирают и уводят в сторону. Вижу там знакомого, вместе в мастерской работаем. Ага, смекаю, рабочих они хотят сохранить. Нужны мы им покуда.

Я к офицеру: так, мол, и так, имею аусвайс. Офицер читает справку, могущую служить пропуском, а мозг мой сверлит мысль: как помочь кому-нибудь из Пикусов? Как?!

Офицер в шарфе отдаёт справку.

— Жена у тебя есть? — повторяет вопрос, который час назад мне уже задавал другой немец.

— Есть. — И показываю на Иду Пикус.

Немец отпускает нас. Я успеваю выхватить у сестры Иды ребёнка, отдаю его всё понявшей Иде, и мы выходим из оцепления.

ДАРЬЯ ВАПНЭ:

Незнакомая женщина подходит ко мне и говорит абсолютно спокойно, рассудительно, мягко так, интеллигентно, точно вопрос её касается сугубо бытовой темы:

— Извините, ради бога, как вы думаете: нас будут здесь расстреливать, на площади, или куда-то поведут колонной?

Я смотрю на неё как на умалишённую.

— Какое это имеет значение?

— Простите, пожалуйста, но мне кажется — имеет. Если нас поведут, есть шанс укрыться в какой-нибудь подворотне.

Для людей сам акт массового расстрела превращался во что-то обыденное, вызывая даже не страх, а нечто иное, чему я не могу дать определения. Вспомнила ту женщину — и спазм в горле.

Софья Гродайс:

В «акциях» мог выжить тот, кто боролся за себя и близких до последней минуты, до последнего вздоха. Что означало для нас, безоружных женщин, да ещё с детьми, бороться, когда тебя гонят под автоматами на убой? Прежде всего не терять ясности ума, не поддаваться паническому страху, использовать любую возможность для спасения.

Меня вели на расстрел в колонне таких же обречённых. Многие покорились судьбе, шли понуря голову, с печатью смертного ужаса на лицах. Им уже ничем нельзя было помочь. Я же лихорадочно искала выход. Аусвайс свой (вынуждена была стирать бельё в немецком штабе на Комаровской улице, чтобы не погибнуть с дочкой от голода) впопыхах оставила дома, когда всех выгоняли. Машинально ощупала карманы пальто и обнаружила ключи. Ключи от бельевой!

Я — к гестаповцу, начинаю ему объяснять на смеси идиш и немецкого: без этих ключей никто не сможет попасть в комнату, где хранится чистое бельё для господ офицеров (будь они трижды прокляты). Понял меня гестаповец и вывел из колонны.

Абрам Туник:

Мы не успели спрятаться в «малине», эсэсовцы вывели нас из дома и сообщили: вас выселяют в другой город, берите с собой тёплые вещи и ценности. Я им, конечно, не поверил.

Построили в колонну по десять человек и повели Я иду, мама, жена старшего брата с двумя детьми. Мама мне: «Можешь — спасайся». А жена брата с безысходностью: «Если суждено погибнуть, так всем вместе».

Подходим к улице Опанского. Край гетто. Если сейчас не бежать, потом будет поздно. Охраняют колонну полицейские из украинского и латышского батальонов.

Не одного меня мысли о спасении будоражат. Начинаем тихонько переговариваться, готовиться. Терять-то уже нечего. Повинуясь стихийному порыву, часть колонны бросается на стоящих ближе всех полицейских. Те от неожиданности размыкают цепь. Стреляют нам уже в спины. Прячемся где придётся. Краем глаза вижу женщину, укрывшуюся на огороде в борозде, другие забегают в дома, сараи...

За мной вдогонку бросился полицай. Я стал петлять. Ему стрелять на ходу неудобно. Так мы с ним в беге и состязались. Я ловчее оказался, забежал в уборную, полицай след мой потерял. Переждал я минут пятнадцать, высунулся, и надо же — чуть ли не нос к носу с тем же полицаем столкнулся. Опять наперегонки пришлось...

Прибежал я к знакомой татарке Соне, попросил её спрятать меня. Та сказала, что боится: если немцы меня обнаружат, её и всех близких расстреляют. В общем, отсиделся, отлежался на задах татарских огородов и ночью вернулся в гетто.

Анна Красноперко:

— Мама, — слышу я шёпот своей мамы, которая обращается к бабушке, — надо спасать детей... Попробуем бежать на том повороте Держись за меня.

— Я не смогу, ноги не идут, — отвечает бабушка. — Спасай детей, беги с ними...

— Как же мы без тебя?

— Я не смогу. Спасай детей...

Мама велит мне содрать лату с груди. Сама сдирает с себя и с Инны. Со спины сдирать нельзя: увидят конвоиры, которые идут сзади.

Нас вывели за границы гетто. Гонят по улице Опанского. И вдруг по левой стороне улицы навстречу колонне движется подвода. Вот-вот поравняется с нами.

— Прыгайте на подводу.

Мама выпихивает нас из колонны. Мы вскакиваем на подводу, мама за нами. Селянин бешено гонит коня. Сзади суматоха, крики, стрельба. Выстрелы нам вдогонку. Но мы уже далеко от колонны. Срываем жёлтые латы со спины.

— Бегите! Спасайтесь! — кричит селянин.

Циля Ботвинник:

В самом начале ноября я родила. Роды оказались тяжёлыми, перенесла горячку. В таком состоянии с новорождённым скрывалась в «малинах».

Второго ноябрьского погрома избежать не удалось. Меня вместе с родителями и двухнедельным ребёнком поставили в колонну.

Когда колонна подошла к концу улицы Опанского, мы поняли: гонят на расстрел. Отец заговорил со мной: «Доченька, ты молода и должна жить и бороться. Беги!» И мы организовали прорыв.

Не помню, как я оказалась в каком-то сарае. Ночью в сарай вошла русская женщина, принесла немного еды, а ребёнку сладкой водички. Сказала, что из колонны бежало много людей, немцы обыскивают весь район и мне опасно здесь находиться. И я перебралась в гетто.

Утром увидела знакомую, которой чудом удалось легкораненой выбраться из-под трупов. Вернувшись в гетто, она подтвердила: после прорыва возникла суматоха, убежать смогли многие. Рассказала и про моих близких. У мамы внезапно наступило психическое расстройство, она начала петь, кричать нечеловеческим голосом. Её застрелили на дороге. Отец не захотел оставлять мать, и его убили рядом с ней.

Арон Фитерсон:

Беспокойно становится в гетто. Слухи ползут: за городом в Тучинке ямы роют. Не однажды видели: отряды полицейских шли куда-то с лопатами и бравыми песнями.

Восемнадцатого ноября узнаю: требуются рабочие на обувную фабрику. Надоело прятаться. Решено попробовать найти тех, о ком молва доносит — действует подполье. Да и от голода сильно страдаю, а.там, на фабрике, баланду дают и хлеб. Но очень уж не хочется на немцев работать. «Впрочем, работать можно по-разному», — думаю про себя.

У меня товарищ есть, тоже сапожник, Рольбин. Отправляюсь к нему за советом, идти мне на фабрику или не идти. Я тогда, естественно, не знал, что он с подпольной организацией связан. Рольбин говорит — иди.

Выдают мне аусвайс для выхода в город. Двадцатого появляюсь у ворот, чтобы на фабрику пойти, вижу: масса людей толчётся, ждут, когда на работу отправят. Кроме полиции здесь немцы в касках, с автоматами. Есть пропуск, нет пропуска — стой и жди. Начинаю подозревать неладное.

Мимо движется колонна, одеты кто во что, у некоторых узелки, ведут детей. Меня и других толпящихся у ворот пинками загоняют в колонну. Оглядываюсь, осматриваюсь: куда это я попал? Замечаю издали свою сестру с двумя детьми — рослым подростком и малышом, которого она держит за руку. Рядом муж её Кива. Пробираюсь к ним.

Ведут нас по гетто. Тишина кругом, словно вымерло всё. Проходим улицу Опанского. Говорю Киве: «Нас ведут на смерть. Пока идём мимо домов, надо попытаться бежать, потому что в чистом поле не скроешься».

В прорыв бросаемся я, Кива и старший племянник Рува. Бежим без оглядки, перепрыгиваем через какой-то забор, видим крыльцо дома и забиваемся под него. Рува не успевает перепрыгнуть, пуля настигает его, и он повисает на заборе.

Увидев сына, истекающего кровью, Кива говорит:

— Арон, я пойду на смерть вместе с сыном. — И выходит из укрытия.

Колонна останавливается, беглецов ищут. Хозяин дома, под чьим крыльцом я прячусь, выдаёт меня. Вытаскивают, начинают избивать сапогами и прикладами.

Двигаюсь дальше с колонной. Вижу Киву. Несёт на себе сына.

Часам к двум дня приводят нас в поле, где вырыты большие ямы. Немцы и полицаи с ручными пулемётами. Командуют: сесть. Садимся. Отбирают группу, человек по пятнадцать — двадцать, подводят к краю ям и.расстреливают. Некоторые идти не хотят, пытаются сопротивляться.

Не помню, как случилось: то ли меня толкнули, то ли я сам, услышав пулемётную очередь, кинулся в яму. Оказываюсь на груде трупов. Вроде живой.

Сверху валятся расстрелянные, в агонии бьют меня руками, заливают кровью... Стиснут со всех сторон, нет возможности пошевелиться, болит спина от тяжести тел, воздуха не хватает...

У меня на всякий случай яд припасён, чтобы не мучиться. Но теперь я его принимать не буду. Вдруг жив останусь.

Потихоньку выбираюсь из месива тел. Хоть дышать теперь могу. Лежу до тех пор, пока немцы и полицейские не уходят, оставив, на моё счастье, ямы открытыми.

Вылезаю из ямы и натыкаюсь на Киву. Узнаю его по чёрным усам. Он еле жив, бредит.

— Кива, ты узнаешь меня?

Он успевает прошептать:

— Арон, где моя Фрида?

Ничем помочь ему я уже не могу Бреду назад той же дорогой, которой нас вели в Тучинку Пугаюсь насмерть, увидев в придорожной канаве женщину всю в крови. Видно, я выгляжу не лучше, женщина смотрит на меня с ужасом. Тоже, как и я, с того света возвращается. И опять в гетто.

Сам удивляюсь, как смог вынести такое и не сошёл с ума. Правда, потом заболел, скрывался в «малине». Поправился и начал выполнять задания подпольщиков.

Моя память о гетто иная, нежели память его узников Моей памяти нет, её просто не может быть. Я не видел тех ужасов, сужу о них по воспоминаниям других. Но постепенно во мне происходит некая подмена восприятия, и начинает казаться, что все происходило со мной в яви: и угон в колоннах, и отчаянное бегство под автоматами сквозь охрану, и поимка, и последний миг на гибельном краю, и падение в яму под сухой расстрельный треск, и внезапный толчок, обмирание в груди (жив!), и выползание из-под тёплых, ещё дышащих тел... И потому память моя — память со-переживания, со-участия, со-страдания и со-дрогания.

После двух погромов кряду территория гетто намного уменьшилась. Отдав кровь, его живое тело усохло, скукожилось. Словно безжалостная рука хирурга отсекла омертвелые капилляры улиц. О ч и щ е н н ы й квартал по приказу гестапо отошёл в «русский» район. Узников поделили: в одном месте поселили фахарбайтеров, работников юденрата, включая охрану порядка, в другом — прочих. Установился чёткий п о р я д о к у н и ч т о ж е н и я, мастеровых не трогали, «выполняя план» за счёт прочих.

Подпольщики постарались перевести к фахарбайтерам как можно больше семей. В этом им помогали свои люди из жилищного отдела юденрата.

В часть опустевших домов вселялись прибывающие эшелонами евреи из Германии. Их отделили от остальных колючей проволокой.

Борис Хаймович:

Лес. Он манил нас, представлялся единственным прибежищем. В лесу действовали партизаны, пока отдельные, разрозненные, немногочисленные отряды, но они существовали, сражались, и мы завидовали их бойцам.

Наша группа с согласия руководства партийной организации гетто и с помощью городских подпольщиков начала готовиться вывести людей в лес

26 ноября сорок первого мы собрались на квартире Шнитмана. Кто присутствовал? Евсей, я, Ефим Столяревич, Леонид Окунь (бывший офицер, капитан, он предпочёл гетто концлагерю на Широкой) два товарища из города — Жан[1] и Иван.[2]

---

[1] Разведчик и диверсант Иван Кабушкин Посмертно стал Героем Советского Союза

[2] Даниил Кудряков.

Проникали они в гетто регулярно, нацепляя жёлтые латы. Ночевали в нашем доме по Зелёному переулку, прятались от гестапо. Немцам и в голову не могло прийти, что русские подпольщики скрываются у нас под видом евреев.

План такс. Первыми в лес уходят человек пять-шесть. Забирают спрятанные на кладбище Кальвария оружие и боеприпасы. В Руденском районе организуют базу, прежде всего строят землянки и высылают в Минск проводника. Проводник связывается с Жаном. Тот достаёт на радиозаводе, где работают несколько подпольщиков, грузовую машину. Машина заезжает в гетто и забирает часть нашей группы — женщин и физически слабых людей. Остальных выводят Федя, тот самый партизанский посланец, приходивший в гетто в сентябре, (*настоящее его имя Шедлецкий Фёдор Давидович*) и Иван — под видом рабочей колонны.

Но как уйти в лес налегке, без тёплой одежды, медикаментов? И тогда мы обратились к Мушкину. Да-да, к председателю юденрата. Отправился к нему Федя. Мушкин сразу согласился помочь. Федя, как условились заранее, заехал к нему на лошади, погрузил умело оформленные Мушкиным неучтённые излишки готовой одежды — телогрейки, варежки, ватные брюки, бурки — и доставил их в квартиру Рудицеров на Ратомскую Другую партию одежды добыла Дора Бейненсон в швейных мастерских. Гриша Гордон, санитар инфекционного отделения больницы, принёс лекарства, Абрам Релькин где-то достал шесть килограммов сала.

9 декабря на Ратомской во дворе дома Рудицеров появились телеги. Весь день ушёл на оборудование в одной из них тайника. У меня имелся наган, больше оружия ни у кого не было. А ведь в пути всякое может случиться, из тайника же винтовки быстро не вытащишь. Пришлось с этим смириться.

На рассвете 10 декабря мы двинулись на двух телегах по улице Опанского в направлении Кальварии. Для маскировки пристроились к колонне извозчиков, каждый день отправлявшихся на работу к немцам. Благополучно добрались до кладбища. В указанном Иваном месте раскопали землю и достали 13 винтовок и ящики с патронами — четыре тысячи штук, целое богатство. Спрятали в тайник, прикрыли соломой.

Пока мы откапывали оружие, на дороге началось движение. Одиноко стоявшая у кладбища вторая телега могла привлечь внимание немцев. Гинзбург, выполнявший роль извозчика, решил отъехать. И тем не менее он попал под подозрение. Ему пришлось спешно вернуться в гетто.

На кладбище мы сняли латы, дабы нас приняли за крестьян, ездивших в город менять еду на одежду. Не обнаружив Гинзбурга, всё же решили продолжать намеченный маршрут. А Иван вернулся в Минск.

Двигались мы так. Метров за сто впереди попеременно двое, затем телега со мной и Релькиным, сзади метрах в ста ещё двое. Какой смысл? Если немцы пристанут к передним, остальные успеют повернуть обратно или уйти в сторону. Если к замыкающим, другие рванут вперёд. Кому-то придётся погибнуть, однако иного выхода нет. Одним наганом много не навоюешь.

Деревни мы старались обходить. Сначала следовали по Раковскому шоссе. Миновав Барановщину, повернули на юг, проехали до Щемыслицы, потом на восток и оказались на Слуцком шоссе. Изредка проезжали немецкие военные машины. Одна затормозила перед самой лошадью, мы едва успели остановиться.

— Руссише бауэр, — гоготали немцы неизвестно отчего и показывали на нас пальцами.

Мы прикинулись ничего не понимающими дурачками. Я показал знаками — «курить». Немцы угостили нас сигаретами, посмеялись и уехали. Чего они от нас хотели?.. Я посмотрел вперёд. Наш головной дозор сидел на обочине. Оглянулся назад: замыкающие тоже на обочине. Знаками показал двигаться вперёд.

Стало смеркаться. Лошадь устала. Остановились. Движение на шоссе уже прекратилось. Нужно было свернуть в деревню, чтобы достать сена или овса для лошади да и самим попросить еды. Ведь всё сало осталось на второй телеге. Только Релькин имел буханку хлеба и брусок сала около полукилограмма.

Собрались вместе, обсудили положение. Впереди виднелся поворот с шоссе на просёлок, указатель с надписью «Бахровичи». Быстро темнело. Лошадь еле тащилась. Расстояние между задними, передними парами и телегой сократилось метров до двадцати — иначе потерялись бы в темноте. Впереди замаячили контуры деревни.

Вдруг послышался окрик:

— Хальт!

Передние рванулись было бежать. Релькин круто повернул лошадь, но она не хотела идти. Не бросать же оружие! Вшестером упёрлись в телегу и покатили её, толкая лошадь. Вслед прогремело несколько винтовочных выстрелов. Очевидно, часовой был один и преследовать нас побоялся.

Вновь выскочили на Слуцкое шоссе. Вскоре в стороне от него увидели одинокий дом. Свернули к нему. Дом был недостроен, но уже с крышей. Не было, правда, дверей, окон, пола, печи. Оставили лошадь на подворье, бросили ей остатки сена с телеги. Сами забрались на чердак и там провели ночь.

Едва забрезжил рассвет, запрягли лошадь и двинулись просёлком в сторону леса. Заехали в чащу, выбрали место поглуше, разгрузили телегу, разобрали второе дно, перекусили. Несмотря на то, что почти сутки голодали, ели очень экономно: сала кот наплакал, а сколько нам предстоит ждать своих товарищей, неизвестно.

Отправили в Минск связного-проводника Мишу Рудицера, а сами соорудили землянку, в ней сделали нишу для костра, вывели дымоход, чтобы огня не было видно снаружи. Разложили костёр. Почистили винтовки, выставили пост.

Рудицер вернулся в Минск, в гетто. Машина с радиозавода, присланная Славкой, подошла к границе гетто — Колхозному переулку. В машине находились минские подпольщики, командиры Красной Армии, медики, часть нашей группы. Рудицер сопровождал машину, но потерял ориентиры нашего местонахождения и привёл людей в отряд Сергеева.

Сергееву сообщили о нас: шесть человек с винтовками и боеприпасами находятся где-то неподалёку в лесу. Сергеев выделил поисковую группу, в которую включили и Мишу Рудицера. Группа ночью наткнулась на нашего часового. Мы тут же снялись, партизаны помогли нам нести оружие и боеприпасы.

Через несколько дней Иван и Федя привели оставшуюся часть группы.

Для отряда Сергеева наш приход был ощутимым пополнением. Из числа узников гетто Сергеев создал пулемётный взвод — тридцать человек. Я был назначен помкомвзвода, командиром — Леонид Окунь.

Так началась наша партизанская жизнь.

ГЛАВА ШЕСТАЯ

Муки

— которым сравнения нет.

Ярость

— которой не видывал свет.

Боль,

от которой не сгладится след.

Э. Подаревский

Интернационализм наносит ущерб и ослабляет наличное расовое ядро, демократия разрушает личность, а пацифизм парализует естественную силу самообеспечения народов.

Гитлер

С квозь марево дождя конструкция моста смотрелась размыто, пролёт словно парил отдельно от опор.

Дождь сеялся с рассвета, когда я выехал из Кишинёва, и сопровождал меня весь день, противный, меленький, слезивший стёкла автобуса. Настроение портилось с каждым часом.

А ехал я далеко, в Рыбницу, которой в современном Энциклопедическом словаре посвящено несколько слов в сокращении: «...г. (с 1938), р.ц. в Молдавской ССР. Пристань на Днестре. Ж-д ст. Пищ-пром-сть. Насосный з-д. Произ-во стройматериалов».

В художественной литературе Рыбнице тоже не повезло: из известных мне писателей лишь Паустовский удостоил её своим вниманием, и то вскользь, упомянув, что через неё удирали в Румынию недобитые деникинцы.

Само название — Рыбница — тем не менее звучало для меня магически и в чем-то таинственно: здесь была родина моих родителей, здесь жили мои деды и прадеды, бабушки и прабабушки. Стало быть, здесь мои корни.

К стыду своему, ехал я в Рыбницу впервые уже в зрелом возрасте, давно похоронив отца. Мать нарисовала на листке план, указав, где именно искать наш дом, от которого, по её мнению, ничего не могло остаться: из-за наводнений город давно перебрался наверх, подальше от воды, а дом наш стоял у самого берега.

Перед войной мои родители и сёстры отца со своими семьями переехали под Москву, в городок по казанскому направлению. Никого из близких в Рыбнице не осталось. Так что я вряд ли мог рассчитывать найти дом, точнее то, что от него осталось, — лет-то сколько минуло, и каких лет! И все-таки ехал, упрямо, настойчиво, с безнадёжной верой в чудо. А вдруг… Что «вдруг», я не знал. Между тем на поездку у меня был всего один день, остальное время поглотил основной командировочный маршрут. «Ничего, — думал я. — Похожу, посмотрю, поищу».

Увязая в размокшей глине, долго месил её, как тесто. Наконец в прибрежной траве в половину роста человека обнаружил кирпичную кладку, глубоко вошедшую в почву. Сверил с планом — похоже, фундамент нашего дома. Впрочем, в этом я не был уверен до конца. Ёжась под холодным душем, уложил в носовой платок пригоршню влажной земли, осторожно связал концы и засунул в портфель. Буду искренен: в тот миг защекотало в носу, замлело в груди, и я, по натуре вовсе не сентиментальный, вынужден был сжать зубы и приказать себе выйти из несвойственного мне состояния. «Ну земля отчего дома, ну и что?» — уговаривал себя.

Машинально взглянув окрест, я с трудом поймал сквозь влажные стёкла очков единственную приметную среди ровной приречной полосы деталь. Впереди, метрах в двухстах — трехстах, высился мост. Я невидяще вперился в него. Дождевая вуаль мешала чётко различить абрис моста. Я пригвожденно стоял и стоял, тщетно ловя в слезящиеся окуляры размытые контуры. А потом побрёл к нему с неизъяснимым упорством и отчаянием, внезапно ощутив в себе открывшуюся потерю, каким-то образом связанную с этой обыкновенной, ничем не примечательной конструкцией. Брёл не по дороге, по зарослям осоки и наполненным жижей колдобинам. Сырость впитывалась в меня сверху и снизу, я не замечал её, хотя вымок до нитки — ни на какие другие ощущения не позволял отвлечься мост, к которому я сейчас так стремился.

Я был уже в нескольких метрах от тупенек, ведущих на верх строения. Должно быть, оттуда открывался красивый, впечатляющий вид на Днестр, на белые домишки, ласточкиными гнёздами налепленные на невысокой горе слева. Однако я не стал взбираться (вернее сказать, не с м о г), просто глазел на мост снизу вверх, как растерянный лилипут на загадочного мрачного Гулливера.

Впрочем, никакой загадки мост в себе не таил. Всё было предельно просто. С этого моста в сорок первом румынские оккупанты сбросили в реку мою бабушку вместе с другими евреями Рыбницы.

Был ли нынешний мост тем самым или со временем его построили заново? Не знаю, не ведаю. Знаю лишь одно — отсюда открылся счёт потерям в нашей семье Потери умножались с каждым месяцем. Бабушкину дочь, сестру моей матери и мою тётку, умертвили в Бабьем Яре. Брат отца и его жена сгинули в Одессе.

В Рыбнице наверняка погибли бы и остальные члены нашей большой семьи, если бы мой отец не покинул насиженное место перед войной и не увёз близких. На то имелись свои причины. Я расскажу о них.

Июльской ночью тридцать восьмого в дом отца постучали. Приход начальника рыбницкого НКВД не сулил ничего хорошего. Но он был другом отца и счёл возможным предупредить его о грозящем аресте. За что? За подрыв стахановского движения.

«Подрыв» заключался в следующем. Будучи мастером на известковых разработках, отец выступил против очевидного надувательства. Перевозкой известняка занимались возчики с грузчиками. Каждому возчику полагался один грузчик и одна подвода. Нашёлся прыткий мужичок, добившийся выделения ему трёх грузчиков и трёх подвод. При этом план он выполнял не на триста процентов, а от силы на сто пятьдесят — сто восемьдесят: видно, подобрал себе таких же «сачков». Его громогласно объявили с т а х а н о в ц е м и призвали на него равняться.

Отец возмутился и поднял вопрос на собрании. Судьба его была предрешена. И вот он получает сигнал о близком аресте. Бежать, спрятаться, замести следы? Отец рассказывал мне: были мысли уехать, скрыться, раствориться на просторах родины-мачехи. Даже продумывал маршрут — уйти через границу в Средней Азии в Афганистан и далее. Невольно вспоминал старшего брата Рувима, эмигрировавшего в Америку в 1906-м. Америка была несбыточной мечтой, Афганистан маячил в дымке — как перейти охраняемую границу? И что случится с женой, которую могут посадить за недоносительство о планах мужа… И отец бросил эту затею.

Как показывала практика, те, кому удавалось бежать, спасались. Органы особо их не искали, хватало с лихвой арестованных. Отец этого знать не мог.

Он уехал на несколько дней в Одессу, попрощался с любимым младшим братом Митюшей, вернулся и стал ждать. Мать собрала узелок с чистым бельём и сухарями — все как положено. Ждать пришлось недолго. Отца препроводили в балтскую тюрьму.

И вот первый допрос. Отца ввели в комнату, где стояла железная кровать, крытая тонким серым суконным одеялом. Стула почему-то не было. Отец поднял одеяло, несвежую простыню, матрац и сел на край, отчего всхлипнула металлическая панцирная сетка, провисшая под его мощным телом. Следователь сделал удивлённые глаза:

— Вы почему так сели?

— Не могу в грязных брюках на одеяло.

Это не был нарочитый жест, стремление выказать свои манеры: видите ли, спать в перенаселённой камере возле самой параши я в состоянии, а сесть в брюках на одеяло не позволяет моя воспитанность. Будучи пролетарием по духу и положению, отец был страшно далёк от щеголяния хорошими манерами. Но сесть в грязных брюках на одеяло он действительно н е м о г.

Следователь оказался проницательным, почувствовал, что за человек перед ним, и решил не валять ваньку. Называл он отца не казённо-безразлично—гражданин такой-то, а по имени-отчеству. Между ними, как потом вспоминал отец, состоялся разговор, который может показаться неправдоподобным, если учесть, в какое время он происходил, и тем не менее абсолютно достоверный.

— Иосиф Давидович, считать вас врагом народа у меня нет оснований. Выпустить вас я тоже не могу Давайте поможем друг другу и п р и д у м а е м вместе, какие разведки вас завербовали (именно разведки, во множественном числе—отец не ослышался) и какие их задания вы выполняли. Другого пути, поверьте, нет ни у вас, ни у меня.

Сказано было настолько рискованно-откровенно, что отец сразу многое понял Сомнения, посещавшие его в камере, развеялись. Он разумеется, не знал истинного масштаба разгула репрессий, однако не мог не видеть: в той же Рыбнице арестовывали толковых работников, коммунистов, которых отец прекрасно знал и в виновность которых отказывался верить. Теперь очередь дошла и до него, беспартийного. Значит, это кому-то нужно, рассуждал отец, чтобы бесследно исчезали люди. Зачем, с какой целью? Этого он не понимал. И тем не менее уяснил: идёт какая-то жестокая игра, игра ни в чём не повинными жизнями. Спущена р а з н а р я д к а, как обмолвился его друг из НКВД, тайно приходивший предупредить. И от того, подпишет он обвинительное заключение или не подпишет, признает себя врагом народа или нет, ничего не изменится. Против его фамилии где-то кем-то поставлена «галочка», и это единственный непреложный факт его теперешнего существования.

Вместе со следователем он быстро состряпал «признание»: являлся агентом румынской сигуранцы, польской дифензивы и ещё одной вражеской разведки, названия которой не знает. Должен был подрывать стахановское движение, вредить советской власти на таких-то участках. Завербовали его в двадцатые годы тайные лазутчики с того берега Днестра и польский ксёндз — так предложил написать следователь.

— Да у нас один ксёндз на всю округу, — возразил отец. — И тот помер до революции.

— Очень хорошо, просто замечательно, — обрадовался неизвестно чему следователь.

Отца перевели в тираспольскую тюрьму. Следователь уже был другой — мальчишка, сопляк, лет восемнадцати. Однажды при допросе ел виноград и косточки выплёвывал отцу в лицо. Огромных усилий стоило удержаться и не броситься на него...

И вдруг, в начале тридцать девятого, отца выпустили. С чистым паспортом, без единой пометки о пребывании в следственных тюрьмах. Он не ведал, что своим спасением обязан Лаврентию Берии, занявшему пост наркома внудел вместо снятого с должности Ежова. Берия выпустил три процента томившихся в тюрьмах в ожидании приговоров и некоторое количество зэков ГУЛАГа. Отец по счастью попал в их число.

В своё возвращение он никак не мог поверить. Дал телеграмму в Рыбницу матери: еду, встречай. С билетами оказалось туго, провёл на вокзале трое суток, пока уехал. Люди в вагоне подходили к нему, бородатому, явно смахивавшему на зэка: «Вы о т т у д а?» — и клали на колени еду.

На вокзале в Тирасполе, когда уезжал, встретил земляка, тот уже был в курсе: «Тебя, Юзик, чуть ли не с оркестром собираются встречать. Первый из арестованных возвращается»...

Рыбницу отец проехал, сошёл в Каменке. Не хотел никаких встреч. Незамеченным пробрался в дом и на следующее же утро начал готовиться к отъезду. Что-то гнало его, не давало покоя. Предчувствие, предвидение?

Так семья наша оказалась под Москвой. Меня ещё не было на свете. Родился я в конце июля сорок первого, под грохот первой бомбёжки нашего городка. Сорокапятилетний отец ушёл в ополчение в самом начале войны, не дождавшись моего появления на свет.

Воевал он на подступах к Москве, не имея сведений о близких. Первый раз увидел меня — нескольких месяцев от роду — в госпитале в Лефортово, куда к нему приехала мать. Хирург вынул из него тринадцать осколков, а один, самый крупный, засевший в правой руке чуть выше локтя, не тронул: чтобы достать его, требовалось долбить кость.

От того времени остались рассказы отца и связка фронтовых писем. Один рассказ помню особенно отчётливо. Истекающего кровью, в бессознательном состоянии отца подобрала последняя санитарная машина — в четырехстах метрах утюжили нашу оборону гитлеровские танки. Валявшегося в кювете немолодого солдата с лысой, без единого кустика волос ядровидной головой углядел шофёр. Лейтенант медслужбы не хотел останавливаться: машина и так была забита сверх меры. Шофёр настоял, заставил лейтенанта перебраться в кузов, к раненым, а отца посадил рядом с собой. От толчков на ухабах отец очнулся, и шофёр — оказалось, его одногодок, с 1896-го, — поведал, как подобрал его в кювете.

Ни слова не говоря, отец протянул ему здоровую левую руку: «Снимай часы». Тот отмахнулся. Отец зубами разорвал ремешок браслета и протянул ему Часы были необыкновенные, по тому времени редкие: антимагнитные, водонепроницаемые, и прочее. «Читай, что написано». Не выпуская баранки, шофёр склонился и прочитал гравировку на обратной стороне: «Другу юности Юзику от Ионы».

Вряд ли надпись что-либо сказала шофёру, но часы взял. В иной ситуации отец не подарил бы их — он находился в глубоком шоке.

«Иона» был не кто иной, как Якир, командарм 1-го ранга, расстрелянный в тридцать седьмом. В Кишинёвском реальном училище они сидели за одной партой, дружили. Теперь в этом здании техникум, на фасаде мемориальная доска. Говорит она, естественно, только о Якире — отец мой не являлся знаменитой личностью, достойной знака вечности. Он не был героем, мой отец, но он выполнял свой долг как мог и умел.

…Когда мне плохо, я перелистываю его фронтовые письма. Написаны они остро отточенным карандашом (отец любил писать карандашами). И странное дело — не пожелтела, не пожухла бумага, не высветлились буквы, хотя письмам более полувека.

«Прости меня, милая Деборка, что в такую тяжёлую минуту оставил тебя одну, на девятом месяце беременности, но я не мог иначе Я хочу свой долг выполнить до конца и тёшу себя мыслью, что ты родишь здорового ребёнка и, если мне не суждено увидеть его и если это будет мальчик, назовёшь его моим именем. Если девочка, назови как хочешь…»

По еврейской традиции именами живых родителей новорождённых не называют. Тем самым он как бы заранее хоронил себя. Моя мать не послушала его и назвала меня именем деда — Давидом. Отец потом считал, что этим поступком она спасла его.

«Я бесконечно рад подробному твоему письму с полным описанием жизни твоей и Давидика. Да хранит вас судьба, живите друг для друга во взаимной любви и ласке. Я буду, конечно, счастлив после войны вернуться к своему родному очагу и провести совместно с вами остатки дней своих. На большой остаток дней я не рассчитываю. Теперешняя жизнь, безусловно, отразится…

Кстати, я хочу коснуться вопроса в части твоего упрёка, что я легкомысленно поступил, бросив тебя одну, и не подождал уходить в ополчение до твоих родов. Я поступил так, как диктовала мне моя совесть. Нужно всеми возможными силами раздавить гадину-фашизм, освободив Родину и мир от мракобесов. На этом я считаю вопрос о моём добровольном уходе в ополчение закрытым.

Меня ты скоро домой не жди. Вернусь только после победы, а это так скоро не будет, ибо враг силён и хитёр...»

Мой отец, доживший до внука, названного Митей в память брата, погибшего в Одессе, не был героем. Но, вспоминая его светлой, благодарной памятью, я думаю о ста с лишним евреях — Героях Советского Союза, о тысячах и тысячах воинов — евреях, мстивших врагу за мучения народов, в том числе и своего. Думаю и об узниках минского гетто, не покорившихся судьбе.

* * *

«Вами, евреями, заквасили, нами, белорусами, замешивать будут», — говорили в ту пору.

Вместе бедовали, вместе боролись, вместе гибли. Что могли бы подпольщики гетто без помощи местного населения? И наоборот: как радовались в партизанских отрядах каждому влившемуся в ряды мстителей посланцу гетто. Каждой винтовке, каждому нагану, каждому флакону йода, принесённым с собой.

Факты, факты...

Возле ограды гетто по Зелёной улице незамеченным ходит белорусский крестьянин. «Как там семья Янкеля Слоуца? Расстреляны? Ах ты, господи... Погодите...» Снимает с подводы мешок картошки, капусту, свёклу, перебрасывает через проволоку. Вёз одним, а отдал другим мученикам.

В концлагере на Широкой гибнут заключённые, особенно евреи. Им труднее сопротивляться Городецкому и его банде. И вот школьный учитель, ставший в лагере шофёром, тайно начинает вывозить евреев.

На конспиративных городских квартирах Ясинской, Герасименко, Гороховой, Мелентович, Каминской, Серовой и многих других встречаются подпольщики гетто, находят приют и кров. А Михаил Гебелев прячет в гетто русских товарищей, беглецов из концлагеря.

Многие русские и белорусские женщины не разлучаются с мужьями-евреями, живут за колючей проволокой, носят жёлтые латы. Великая солидарность.

ДОРА АЛЬПЕРОВИЧ:

Седьмого ноября, в погром, удалось мне отдать своего шестилетнего сына знакомой — Марии Васильевне Бабич. Та устроила Леню в русский детский дом. Его выдали. К кому бежать за помощью? К Щасному, больше не к кому. Тот выслушал, взял бутыль самогона, сало, яйца — и в полицию.

— Ошибка вышла. Это мой племянник, глядите, он же необрезанный.

Спас Николай Романович Леню и передал своей сестре.

Познакомилась я с Николаем Романовичем перед войной. Был он завхозом в детском доме на станции Ратомка под Минском, а я заведовала врачебным участком. Жена Щасного ждала шестого ребёнка. Роды прошли не совсем удачно, при смерти она оказалась. Я отдала свою кровь, спасла и её, и новорождённого. После этого мы ещё больше сблизились.

Под первые бомбёжки готовили мы с Николаем Романовичем госпиталь для раненых бойцов. Он мне:

— Дора Борисовна, надо уходить в лес. Перенесём раненых, а то всех разбомбят.

И мы ушли в лес. Немцы обнаружили госпиталь, раненых доставили в минскую городскую больницу. Конечно, не из гуманных соображений. Едва красноармейцы поправлялись, их переводили в концлагерь на Широкой. Я и другие врачи, перебравшиеся в больницу, пытались спасать раненых. Собирали одежду, включая женскую, переодевали бойцов, подлечившимся помогали убегать, многих переправляли к Щасному в Ратомку. Тот их прятал. Помогал ему в этом сын Леокадий, пастух. Набирал он в торбу варёную бульбу, соль, хлеб и уходил в лес, где скрывались, бойцы.

В детском доме, где Николай Романовне хозяйствовал, жили десятки еврейских сирот. Понимал Щасный: погибель их ждёт. И тогда он подделал документы: напротив каждой фамилии написал — «белорус, о родителях сведений нет». Всего таким образом спас шестьдесят детей.

Вскоре я попала в гетто. Щасный не забывал меня, помогал продуктами, и не только. Привезёт, бывало, полмешка картошки, а туда вложит медикаменты. Где брал? В Ратомке разбомбили аптеку, собрал оставшиеся лекарства и спрятал. Как они пригодились потом!

Стена больницы гетто выходила на улицу Опанского. В заранее условленный час я следила за появлением Щасного на подводе. Увижу его, подбегу к стене, он мигом перебрасывает мешок, а в нём вата, бинты, йод, сульфидин...

Светлый человек Щасный, не могу без слёз благодарности вспоминать о нём. Много было таких, как он, иначе бы гетто погибло гораздо раньше и никакой помощи партизанам оказать не смогло бы. Однако находились и другие.

Обратилась я как-то к своему бывшему сокурснику Жизневскому, он тогда заведовал минским гор-здравом. Выбраться в город непросто, кругом полиция. Рискуя, пошла к нему, попросила помочь медикаментами. Жизневский почувствовал: речь идёт не только о больнице, но и о снабжении партизан. Отказал мне:

— Я нічога агульнага з гэтымі бруднымі людьмі не маю.

И всё-таки таких, как Щасный, было больше.

Полина Айзенштадт:

То, что выглядит сейчас нормой, тогда выглядело мужеством. Например, пустить чужого человека, тем более еврея, переночевать. И пускали, и прятали, и делились последними крохами. Однако... Правда о том времени — она как одеяло из лоскутов: один такой, другой сякой, нет двух похожих.

Перед первой «акцией» седьмого ноября сестра Рива с ребёнком ушла из гетто к своей подруге. Та ребёнка взяла, а ей отказала. Побоялась. Моя золовка, русская, вообще нас не приняла. «У меня у самой ребёнок, поймите... Не немцев боюсь — соседей. Донесут, что прячу евреев».

Попадая в безвыходное положение, шли мы к Бубнову.

Виктор Александрович, до войны железнодорожник, жил одиноко, бобылём. Пробавлялся тем, что менял вещи на еду. Познакомились мы случайно и обрели в нём верного друга, защитника. Седьмого ноября ночевали у него, а жил он за товарной станцией. Так и спаслись.

Сыну Ривы исполнилось одиннадцать месяцев. Голодал он, как и мы, страшно. Если бы не Бубнов, не выжить нам. Он и еду к проволоке приносил, и одежду давал.

Началась эпидемия тифа. С высокой температурой слегла я у Бубнова дома. Он бы и рад меня приютить, но ведь лекарств никаких. И тогда пожилой человек буквально на себе приволок меня в гетто, помог перебраться через проволоку и успокоился лишь тогда, когда узнал, что я в больнице.

Потом тифом заболела Рива. Получила осложнение — тромбофлебит. Нога превратилась в колоду. Бубнов продолжал приносить продукты к проволоке, подкармливал нас.

Феликс Липский:

Что мы ели? Варили крапиву, траву, когда перепадали картофельные очистки — «лупины» по-белорусски, был праздник. Голод мучил сильнее страха. К страху привыкали, и он исчезал — вернее, притуплялся, а вот к голоду... Я это состояние хорошо помню, хотя мне всего-то четыре года было.

Помогала нам Фата, Фатима Ибрагимовна, татарка. До войны работала вместе с моей мамой. Не то чтобы дружили, просто хорошие знакомые. И вот отрывала от себя последнее, поддерживала нас чем и как могла. Однажды мне перепал от неё кусок белого хлеба. Представляете, настоящего белого хлеба! Такое не забывается...

Бронислава Загало:

Чудом оставшись в живых после первого ноябрьского погрома, я ушла из гетто. Куда, к кому? — не представляла. На еврейку я не похожа, что оставляло кое-какие надежды.

По совету одной женщины доехала на попутной машине до Самохваловичей. Оттуда двинулась на Койданово. Шла, шла, не раз отчаяние охватывало. Вспомнила: где-то неподалёку живёт бывший сосед по деревне, откуда я родом. Никитич его фамилия, зовут Иваном.

Нашла его. Увидел меня, обрадовался:

— Дорогая моя Бронечка, куда путь держишь?

Первым делом накормил. Потом выспросил про мою судьбу, про то, как мужа в погроме потеряла.

— Оставайся у меня. Тебя здесь никто не знает. А я возьму самогон, пойду в волость и выхлопочу тебе документы.

И точно. Принёс справку, что я — Голубева Вера Ивановна, родственница.

Иван и его сестра относились ко мне как к родной. Муж сестры, от которого на всякий случай скрывали мою национальность, случайно про всё прознал и начал пенять своей жене:

— Почему не сказала правду? Неужто не веришь мне? Ведь если бы меня повесили, я бы не знал, за что.

Такие мне попались люди.

Через некоторое время я ушла в лес. Стала связной отряда, выводила из гетто будущих партизан. И часто с благодарностью вспоминала Никитичей.

Анна Серова:

Осталась я на оккупированной территории с двумя маленькими детьми. Коммунистка с 1929 года, сразу включилась в подпольную работу — иначе своего существования не мыслила. Квартира моя на Московской улице вскоре превратилась в конспиративно-явочную. Что только у меня не хранилось! Винтовки, гранаты, патроны, затворы, пишущая машинка, аккумуляторы, радиоприёмники, бланки для паспортов и прописки, медикаменты, подпольная литература, листовки, газеты, сводки Совинформбюро…

Регулярно встречалась с евреями гетто. Анна Карпилова доставала в больнице бинты, вату, хирургические инструменты, приносила мне на квартиру, а я переправляла партизанам. Работавший на немецком складе Лайтайзен передавал оружие.

А дети… Их отдавали в «русскую» часть города, пытаясь сохранить им жизнь. Через городскую управу я устроила в детский дом сначала троих еврейских ребятишек от двух до восьми лет, потом ещё одного мальчика-сироту. Остались они живы.

Однажды, едва начало смеркаться, заявились ко мне немецкий жандарм и полицейский-белорус. Увидели свет в окнах и решили проверить, есть ли у меня разрешение на пользование электричеством. Едва начался разговор, входит подпольщица и партизанская связная Настя Веремейчик, вернувшаяся из леса. Вот так встреча! К счастью, жила она у меня на легальном основании. Жандарм и полицай проверили её паспорт, где была указана прописка в моём доме по Московской, освобождение с биржи труда, ничего подозрительного в документах не обнаружили. Обшарили глазами комнату, но обыск проводить не стали.

А в эти минуты во дворе прятался бежавший из концлагеря на Широкой Михаил Карпилов, брат Ани. Увидев в моих окнах свет, он осторожно заглянул и отпрянул при виде непрошеных «гостей». Ждал, пока они уйдут. Я его накормила и отправила на чердак. Утром он и ещё двое военнопленных из лагеря, тоже скрывавшиеся у меня, ушли с Веремейчик к партизанам. Не с пустыми руками — захватили оружие, гранаты, патроны и радиоприёмник.

Во время очередного погрома прибегает из гетто Аня Кристаль. Раньше приносила мне боеприпасы, лекарства, все, что удавалось доставать, хорошо знала мой дом. К кому же ещё бежать?.. Прячу её на чердаке. Буквально через час по Московской улице ведут колонну евреев на расстрел. Из колонны вырываются двое, один из которых — Лайтайзен. Заскакивают в дом — и прямо на хорошо известный им чердак. Тут же передо мной — а я стояла с ребёнком на руках возле ворот — вырастает полицейский с револьвером. «Куда бежали два еврея?» Говорю, что побежали они дальше по Рабкоровскому переулку.

Всех троих немедленно переправила в лес.

После освобождения Минска ко мне стали приходить вчерашние партизаны. Иногда останавливались на несколько дней. Дом был переполнен. Кто-то из соседей даже заметил с лёгкой завистью: «У вас, Анна Ивановна, образовался целый партизанский штаб». Узнав от моих квартирантов, что это был за дом в период оккупации, соседи ахнули. Вроде вся моя жизнь у них на глазах проходила, а оказывается, далеко не вся. Жаль, сгорел дом 20 июля сорок четвёртого после налёта вражеской авиации. Я была тяжело ранена, долго пролежала в больнице…

В шестидесятые годы шёл розыск уцелевших минских подпольщиков. Навестили меня ребята школы, что на улице Жудро, попросили поделиться воспоминаниями. Написала, что помнила, назвала фамилии тех, кто помогал мне, кого спасла, в том числе евреев гетто. Руководил ребячьим поиском учитель физики. Прочитал он мои воспоминания и обратил внимание на фамилию Лайтайзен. В классе у него была ученица Лайтайзен. Вызвал он отца девочки оказалось, тот самый, кто на чердаке моём скрывался и кому я помогла уйти в лес. До той поры мы не виделись — так уж случается…

А вскоре наградили меня орденом Отечественной войны второй степени.

Дора Шейвехман:

После расстрела на еврейском кладбище в Минске, когда я и моя дочка чудом уцелели, ушла в лес. Кое-как добралась до местечка Раков. Нашла сельский Совет, здесь он назывался гмина (по-польски). Я объяснила председателю, что сама украинка, что муж у меня ветеринар, был в Орше, обещал приехать, но война помешала, я родила ребёнка и пустилась на поиски мужа. Фамилия моя Нестеренко, зовут Даша, по отчеству… — но он меня остановил, сказав, что у них отчества не приняты. Спросил, что я умею делать, и предложил: «Если хотите, дадим лошадей и отвезём в другую гмину, там получше, чем у нас». Я испугалась. Опять куда-то ехать? Вдруг встречу кого-нибудь из знакомых. Да и сил не было. Мечтала об одном: оказаться в тепле и съесть тарелку супа.

Меня отвезли в детский дом. Здесь были самые разные дети. Как я потом узнала, были среди них и еврейские ребятишки. Их собрала здесь монахиня Екатерина, её звали «сестра Катаржина». Она очень тепло меня приняла, обласкала, сказала, что никуда не отпустит. Буду доить коров, шить, штопать детскую одежду, помогать на кухне.

Шло время. Жили мы в детском доме хотя и впроголодь, но с гетто это было, конечно, несравнимо. Постепенно дети стали исчезать. В том числе и еврейские. Я узнала, что сестра Катаржина в дружбе с ксёндзом Ганусевичем. Ксёндз ездил по деревням, по хуторам и уговаривал хозяев брать к себе детей-сирот. Кстати сказать, всех детей они обратили в католическую веру. Это был шанс спасти их.

Я прожила в детдоме до 5 апреля сорок второго. Одно страшное воспоминание не даёт мне покоя. Всех евреев Ракова заживо сожгли.в синагоге. Даже спустя месяц в воздухе пахло палёным человеческим мясом. Умирать буду, не забуду этот запах...

Здесь позволю себе короткое отступление. В 1988 году, ранней осенью, я отдыхал в Доме творчества Литфонда «Ислочь», что в нескольких километрах от Ракова. Однажды ленинградский писатель Семён Ласкин — милейший, сразу располагающий к себе человек — пригласил меня на прогулку. Незаметно добрались до Ракова, тихого, пыльного, провинциального.

— Сейчас я вам кое-что покажу, — загадочно и горько произнёс мой спутник и изменился в лице. Благодушное настроение его мигом испарилось.

Узенькой тропкой меж огородов с похилившимися заборами мы вышли на открытое пространство, окружённое одноэтажными деревянными строениями. В центре его находилось выкрашенное ядовито-зелёным невысокое сооружение, издали напоминающее пирамидку. Из оцементированной кирпичной кладки как бы вырастал ствол могучего дерева. Прикреплённая табличка на идиш и русском гласила, что некогда здесь располагалась синагога, куда гитлеровцы согнали еврейское население Ракова, 900 с лишним душ, и заживо сожгли.

Памятник производил впечатление буквально на днях отреставрированного — что называется, вылизанного. Краска только-только успела подсохнуть.

В молчании мы стояли возле него. На нас обратили внимание старухи, копавшие картошку в огородах, и тоже застыли, будто в траурном карауле.

— Низкий поклон раковцам, помнят о загубленных немцами душах, вот и памятник в прекрасном состоянии, — произнёс я почти что растроганно и осёкся, увидев сузившиеся, гневные глаза Ласкина.

— Помнят?! — исторг он точно вопль. — Тогда слушайте…

Рассказ его поразил меня своей анекдотичностью и одновременно обыденной типичностью. Приехав в Дом творчества почти на месяц раньше меня, Семён, осматривая Раков, случайно набрёл на памятник сожжённым в синагоге. В каком же ужасном виде он пребывал! Кирпичи вывалились, смытая дождями и снегами краска полиняла, облезла, буквы надписи были почти неразличимы. Окрестные старухи поведали Ласкину следующее. Памятник был поставлен сразу после войны каким-то заезжим евреем — по слухам, жителем Ракова, чудом избежавшим гибели. С тех пор рука человеческая к нему не прикасалась. Он доживал последние дни.

Потрясённый увиденным, Ласкин рассказал об этом на встрече с читателями в Доме творчества. И добавил, что непременно напишет в «Огонёк». Пусть местным властям станет стыдно, если это чувство в них ещё присутствует.

Каково же было удивление Ласкина, когда в следующее посещение Ракова, буквально через неделю-другую, он увидел подновлённый памятник. Ядовито-зелёный колер выглядел аляповато-нарочитым. Но бог с ним, с колером, главное — памятник стоял как новый.

Радуясь столь быстрой, почти моментальной реакции «отцов» Ракова, которым, безусловно, передали осуждающие слова Ласкина на встрече с читателями, Семён решил выяснить подробности у местных старух, знающих всё и вся. Каково же было его разочарование, когда он услышал, что власти, оказывается, тут ни при чём и что памятник привёл в порядок опять-таки заезжий еврей из Америки. Называлась даже сумма — двести рублей, которую «мерыканец» дал двум местным мастерам.

Уехав в Ленинград, Ласкин попросил меня разобраться в этом деле. Неужто, думал я, это и впрямь дело рук туриста из-за океана, а не следствие его, ласкинского, вмешательства? Отправился в поселковый Совет. Милая загорелая девчушка — секретарь поссовета объяснила, что больше месяца была в отпуске и ничего про памятник не знает. С видимой неохотой она начала листать какую-то бухгалтерскую книгу и обнаружила-таки нужную запись. Действительно, власти Ракова внезапно приняли решение привести памятник в нормальное состояние и ссудили на это две сотни целковых. Судя по дате, эта мудрая мысль осенила их на следующий день после гневного выступления Ласкина. Никаким «американским дядюшкой» тут и не пахло, о чём я с удовольствием уведомил его.

Получив письмо, Семён немедленно позвонил мне в Москву.

— Вы понимаете всю анекдотичность ситуации? — кричал он в трубку. — Насколько же местные жители разуверились в своих руководителях, если в сущности рядовое действие — обновление памятника — приписали заморскому гостю... Свои, дескать, ни за что бы не сделали.

Я полностью согласился с ним. Но поди объясни это старухам, которые были уверены: не иначе как дело рук заезжего «мерыканца».

...Но продолжим прерванные воспоминания узницы гетто.

▇ Дора Шейвехман:

Из детского дома меня забрал к себе ксёндз Ганусевич. Он полюбил мою дочку Алинку, часто возился с ней. Жившая при нём в доме пани Марыля, считавшая себя полновластной хозяйкой, начала ревновать ксёндза к ребёнку, а значит, и ко мне. Но это было, в конце концов, не страшно. Это можно было пережить. Главное — никто не догадывался о моём и Алинки еврействе.

Я помогала по хозяйству. Всё шло заведённым порядком. Но однажды... У ксёндза завтракали полицаи. Подойдя к столовой со сковородкой, в которой была яичница, я услышала обрывок разговора. Полицаи спросили ксёндза: верно ли, что в его доме живёт жидовка с ребёнком? С остановившимся дыханием я слушала у дверей продолжение разговора. Ксёндз спокойно ответил, что это поклёп, что я украинка. И тут я вошла. Ксёндз говорит полицаям — вот она. «Ну-ка, Даша, какой в марте православный праздник?» Я отвечаю: «25 марта, Благовещение». — «Вот видите!» — обращается ксёндз к полицаям. Затем я по его просьбе без запинки прочитала «Отче наш». Меня отпустили с миром. Я поняла, что под меня «копает» пани Марыля.

Однажды между нею и ксёндзом произошёл конфликт. Пани Марыля заявила, что уезжает. Ксёндз не стал возражать. Вечером он позвал меня к себе и сказал, что отныне весь дом буду вести я.

Вечером, когда я стелила ксёндзу кровать, он неожиданно вошёл и закрыл дверь спальни на ключ. Я обмерла. Не обращая внимания на мой испуг, ксёндз открыл шкаф, достал оттуда какой-то проводок, к чему-то его подсоединил, и я увидела работающий радиоприёмник. В то время это каралось смертью. И тут я слышу: «Говорит Москва. Работает радиостанция имени Коминтерна»... Я заплакала. Ксёндз, увидев мои слёзы, сказал: «Не плачь. Советы ещё вернутся».

Я поняла, что ксёндз связан с партизанами. Он передавал им продукты, одежду, медикаменты. Страх мой ещё более усилился — теперь уже я боялась не только за себя, но и за него. В таком вечном страхе я прожила с дочерью у ксёндза до июля сорок четвёртого.

После освобождения Минска через Раков начали проходить советские военные части. Как-то на легковой машине подъехали майор и гражданин в синем берете, такого же цвета костюме, гольфах и туфлях. Это был Илья Эренбург. Ксёндз позвал меня вместе с Алинкой, сказал, что приютил нас. Эренбург начал расспрашивать меня, кто я и откуда. Я не сказала ему правду, сообщила то же, что и всем, — мол, украинка Даша Нестеренко и прочее. Настолько мною владел страх, что и теперь я боялась признаться советским людям.

А дальше всё сложилось счастливо. Я нашла своего мужа, страх постепенно начал покидать меня.

Из оперативного донесения эйнзатцгруппы в Берлин. **Январь 1942 г.:** *«В Белоруссии очистка от евреев в полном разгаре...»*

Чьими руками творилось зло? Не только немецкими. Взять того же Городецкого, помощника коменданта концлагеря на Широкой. Красивый, лощёный, улыбчивый, внешне прямая противоположность коменданту лагеря — офицеру СС по кличке Моргун, контуженому — и впрямь всё время моргавшему, так что фуражка ходила туда-сюда. Моргун как-то с удивлением отметил: «У вас, Городецкий, всегда хорошее настроение». И получил ответ на немецком (Городецкий им хорошо владел): «Чем чаще я вижу кровь, герр гауптштурмфюрер, тем чаще улыбаюсь».

В гетто Городецкий приезжал п о р а з в л е ч ь с я. Непременно с плёткой, куда был вшит свинец. Многие его запомнили и до сих пор испытывают омерзение, когда упоминается его имя. Среди первых его жертв оказался известный в Минске медик Ситерман. Городецкий избивал его до полусмерти, откачивал и снова начинал куражиться. Заставлял профессора плясать голым, залезать на забор и кукарекать, а в довершение всего чистить руками нужник.

«Отличался» он и на Широкой. Однажды придумал потеху. По его приказу дежурный полицейский — западный украинец — заставил попросившегося в туалет еврея мерить дорогу спичками. Вот так, укладывая спичку к спичке, и прополз тот от двери барака до сортира.

Был и такой случай. В лагерь прибежала тётка из города и пожаловалась Городецкому: гнали колонну военнопленных на работу, полицейский не заметил, как один забежал к ней в дом, стащил кусок колбасы и тут же съел. Тётка запомнила его: «Он шлем такой на голове носит». Вечером Городецкий построил всех вернувшихся с работы, и тётка опознала человека в шлеме. Вывели его из строя, положили на землю, задрали ноги, и по команде двое полицейских лопатами плашмя стали бить по голым пяткам. Восточная пытка — видно, помощник коменданта где-то слышал о ней. Били, пока не забили насмерть. Чтобы другим впредь неповадно было воровать.

В самом конце семидесятых в Минске судили карателей, добивавших гетто. Пятерых приговорили к расстрелу. Проходившие по делу свидетели, бывшие полицаи, в своё время отсидевшие различные сроки, давали показания о своих бывших сослуживцах. Нередко со скамьи подсудимых слышалось в их адрес:

— Врёте, что не расстреливали. Вы же вместе с нами в акциях участвовали.

Одному карателю расстрел заменили пятнадцатью годами лишения свободы — ему т о г д а не исполнилось восемнадцати. Законы распространяются на всех, даже на извергов.

Другой после войны доблестно работал в шахте, заслужил орден Ленина. «Зачем вам понадобилось так хорошо трудиться? — спросили его на суде. — Хотелось денег, славы, почёта?» — «Деньги мне за ненадобностью, — усмехнулся бывший каратель. — Я столько ценностей награбил в еврейских домах, что внукам хватило бы. Орден Ленина давал мне гарантию: если органы выявят меня, я не буду расстрелян».

Что же касается Городецкого, то дальнейшая судьба его неизвестна. По крайней мере автору. А вот судьба бывшего командира первой роты второго полицейского батальона, переброшенного в Минск в октябре сорок первого из Литвы, стала известна.

Антанас Гецевичюс. Антанас Гечес, как он себя называет на западный манер. Жил в Эдинбурге, на Мостон-терас, 3. Седьмой форт Каунаса, Слуцк, минское гетто… Тысячи евреев уничтожены при его участии. Садист, он отличался особой жестокостью и цинизмом—это вытекает из показаний его сослуживцев. А потом жил и благоденствовал в Шотландии. «Обычный джентльмен. Очень приличный—так мне казалось», —заявила английским журналистам хозяйка лавки, расположенной поблизости от особнячка на Мостон-терас.

Тяжёлой выдалась для гетто зима сорок второго. К голоду прибавляются холод в нетопленых квартирах, тиф, фурункулёз, другие болезни. Особенно голодают коммунисты-подпольщики, не выходящие в колоннах на работу.

Связи с.юденратом дают результаты. Удаётся расставить людей в городе таким образом, чтобы подневольный труд на немцев использовался с наибольшей выгодой. Саботаж, порча идущей на фронт продукции и одновременно сбор всего, что может пригодиться партизанам. В лес из гетто уходят с оружием, запасом тёплой одежды, лекарств.

Но что делать с теми, кто не может влиться в отряды мстителей? С пожилыми, больными, стариками, женщинами, детьми? Связную Нину Лис подпольный комитет отправляет в Западную Белоруссию на поиски деревень и хуторов, далеко отстоящих от железных и шоссейных дорог, где можно было бы попробовать спрятать беженцев. Она возвращается с неутешительными сведениями—большинство деревень и хуторов сожжены, покинуты крестьянами. Ей поручают вновь отправиться на поиски, но она не успевает. В ту же ночь гестаповцы окружают её дом, начинается стрельба. Связная гибнет.

В гетто активизируется еврейская милиция, так называемая служба охраны порядка. «Оперативники» страшнее гестаповцев, ибо вынюхивают то, что можно скрыть от немцев. В подпольной типографии выпускается листовка, называющая всех их поимённо.

Новый удар—арест Мушкина и Серебрянского. Нашёлся-таки предатель. Работая в юденрате, они как могли помогали подпольщикам и партизанам, сохраняя видимость нормальных отношений с немецкими властями. Мушкина долго мучили—ни единым словом не выдал он товарищей. Через месяц после ареста его вывезли из тюрьмы и при попытке к бегству убили. Была ли попытка на самом деле или её инспирировали? Погиб и Серебрянский.

Но сопротивление растёт, крепнет.

На Зеленой улице без призора стоит старая хата, в ней никто не живёт. Хату растаскивают на дрова. Арон Фитерсон тоже отправляется «по дрова» и видит на полу кусок брезента. Тянет его и, к величайшему своему изумлению, обнаруживает под полом склад оружия: шесть винтовок, несколько сот патронов. Раздумывать некогда, коль свалилась такая удача. Он прячет оружие в расположенной неподалёку яме, а ночью вместе с Рольбиным и его сыном перепрятывает найденное в «малину».

В городе действуют оружейные мастерские. Одна— в помещении бывшего правительственного гаража. У Фитерсона там друг—Евгений Станкевич. Воевали в гражданскую в одном батальоне. Узнав, что Фитерсон в гетто, Станкевич приносит ему картошку, крупу. Однажды передаёт через проволоку в корзине наган с двенадцатью патронами. Оружие есть, говорит, только нужны деньги, чтобы его выкупить. Группа Рольбина собирает немецкие оккупационные марки. Станкевич добывает пять наганов.

В эту же мастерскую по заданию подпольщиков затем устраиваются работать Циля Ботвинник и Катя Цирлина. Ходят они в огромных резиновых сапогах—чтобы вынести как можно больше затворов, подающих механизмов, лент с патронами. Берут с собой большие банки для баланды с двойным дном. Туда тоже прячут всё что можно. В обед Цилю и Катю вместе с остальными ведут в столовую. К ним незаметно пристраивается двенадцатилетний Гриша Каплан, по прозвищу Сорванец, забирает полную запчастей банку и отдаёт взамен свою, пустую.

Воровать становится всё труднее. Немцы ужесточают слежку за работающими. Нескольких военнопленных в назидание другим вешают прямо во дворе мастерской. Вместе с ними казнят и двоих евреев из гетто, взятых с поличным.

Хасю Фридлянд больше знают по кличке «Пекарка». До войны работала в пекарне. К ней домой приходит Толя Ривкин, потерявший родителей. Он связан с дркзьями в городе, часто пробирается к ним, возвращается то с гранатой, то с патронами и прячет у Хаси. Если она не одна, заводит примерно такой разговор:

— Хася, я принёс вам кило муки.

Та раскричится:

— Зачем мне твоя мука? Мне нечем с тобой расплатиться.

Толя только рукой махнёт:

— Подумаешь, позже заплатите. Я бы нашёл охотников до муки, но меня тянет к вам — может, когда угостите пирожком.

В кульке, естественно, не мука.

Уходят из гетто в лес новые и новые группы вооружённых людей. Уходит и группа, возглавляемая Матвеем Пруслиным, бывшим работником Сталинского райкома партии, который заменил погибшего Вайнгауза в руководящем центре еврейского подполья. Восемнадцать человек с интервалом в пять — десять минут удачно минуют проволочные заграждения, охраняемые теперь гораздо бдительнее, чем раньше, срывают с себя опостылевшие латы.

Не для всех начало пути складывается благополучно. Один из группы — Яков Цитвер, кожевенник — нарывается на полицейских и попадает в участок. Лат на Цитвере нет, но и документов тоже нет. Какой-то чин гонит его взашей: «Катись, чтоб я тебя больше не видел». Спутал с кем-то. Словом, спасся Яков.

…Вот и бывший Сторожевский рынок — условленное место встречи группы. А проводника нет. В разных местах рынка топчутся люди и ждут. Ждут час, другой, третий. Наконец проводник появляется.

Идут около двух суток. На север Минской области. Первую ночь коротают в придорожном лесу. Мороз около тридцати градусов. Разжигают костёр, не боясь полицейских: ночью в стужу их из хат не выгонишь.

Заходят в деревни, несмело, с оглядкой. Подкармливаются, отогреваются. И всё-таки трое сильно обмораживают ноги: Пруслин, Фридман, Баскин.

Наконец долгожданная встреча с отрядом. И немое изумление: партизан всего шестеро. И семнадцать выходцев из гетто (одну обессилевшую девушку пришлось оставить в деревне, иначе погибла бы в дороге).

Что делать с обмороженными? В соседнем отряде «Мститель» под командованием «дяди Васи» — Василия Трофимовича Воронянского находится врач по фамилии Щеглов, еврей из Минска. Дают ему знать. Он делает всё, что в его силах: пинцетом рвёт куски мяса с пальцев обмороженных ног, накладывает повязки. Вот-вот начнётся гангрена. Спасти людей можно только в гетто, где есть врачи и нужные медикаменты. Всех троих усаживают на подводу, и мальчишка-возница трогает лошадь. Наверное, это был не лучший вариант спасения. Немцы перехватили подводу и повесили Пруслина и Баскина. Тело Фридмана, изрешечённое пулями, партизаны нашли весной — очевидно, он пытался спастись бегством.

Вскоре гетто покидает новая большая группа во главе с Израилем Лапидусом. Часть людей едет на машине, другие движутся пешком в направлении Слуцка. Обходится без потерь. Обживают временный лагерь будущего отряда имени Кутузова. Лапидус становится его командиром.

Следом идут 25 человек в Заславльский район. Ведёт их Наум Фельдман. В Старосельском лесу начинаются их партизанские будни. Отряд постоянно пополняется из гетто. Многих забирают в другие отряды, проходящие через лес.

Бегут из гетто и одиночки, чаще всего молодые женщины, отчаявшиеся и безрассудные, понимающие, что терять им уже нечего.

Мирра Злотник:

Я покинула гетто с маленьким сыном. С нами увязалась незнакомая девушка. Я с ней договорилась: если задержат, пусть говорит, что не знает меня, что мы встретились случайно и я попросила её помочь нести узел.

Решаем идти на Столбцы, где, по рассказам, есть партизаны. За Минском встречаем белоруса — он возвращается в город с кое-какими продуктами. Не ходите по этой дороге, предупреждает он, полно немцев. Сворачиваем на Раков. Часы текут незаметно.

Вижу — крестьянин на подводе. Я ему: подвезите ребёнка, притомился. Мужик ни в какую. Вынимаю из узелка махорку. Он сразу оживляется и подсаживает нас на подводу.

Едем. Крестьянин начинает расспрашивать моего сына, кто мы, откуда и куда путь держим. Предвидя такое, накануне бегства я научила мальчика, как отвечать: имя твоё Фома, фамилия Боровой, маму твою зовут Лена Боровая. Сын так и отвечает. Мужик продолжает дотошно расспрашивать, его подозрительный интерес растёт. Обмолвливается про хорошую собачку, которая у него в селе, у мальчика непроизвольно вырывается:

— У нас за проволокой тоже была собачка.

Мужик ухватывается за это:

— Какая ещё проволока?

Я опережаю сына.

— Рядом располагалась воинская часть, казармы были огорожены проволокой.

Проезжаем Раков. Крестьянин бросает как бы между прочим:

— Тут евреев в синагоге живьём сжигали.

Прощаемся с ним. Заходим в ближайшую деревню, просимся переночевать.

Пускают. Утром девушка, которая с нами, устраивается пастухом. А меня с ребёнком никто брать не хочет. Видно, кто мы, а по деревне молва ходит: немцы не только с евреями расправляются, но и с теми, кто им помогает.

Бреду слепо, не разбирая дороги. Ребёнок капризничает, без конца просится на руки. Не с кем даже словом перемолвиться — с малышом какой разговор.

Как я вовремя покинула деревню! Мужик, подвозивший нас, привёл полицаев. Те схватили нашу бывшую попутчицу, мучили её, дознаваясь, в каком направлении мы пошли. Это я потом узнала.

На одном хуторе сказала: умею шить, согласна всех обшивать. Меня оставили. Вездесущие дети прознали про нас, стали дразнить сынишку, и мы вынуждены были уйти.

Так скитались в поисках приюта месяц, другой. Попадались нам разные люди: одни косились недоверчиво, опасливо, другие помогали.

По дороге на Ивенец выбрели на хутор. Жила там добрая семья, приютила. Когда заходил кто-нибудь из чужих, меня представляли так: бедная женщина, мучается с ребёнком, разыскивает своих родственников. Хозяйка в местной гмине получила разрешение держать нас у себя. Знала ведь, что мы евреи, и не побоялась.

И всё же меня тянуло дальше, в леса, к партизанам. Относительный покой хутора, который в любую минуту мог нарушиться, я готова была немедленно променять на полную лишений жизнь у партизан. Отправилась с сыном в Налибокскую пущу и там встретила тех, кого искала.

Софья Гродайс:

Упрямо стоит перед глазами женщина, с которой познакомилась в гетто. Не помню ни имени её, ни фамилии — ничего, кроме того, что учительница, мать двоих детей. Младшенький, помню, без конца просил: «катотики, катотики» («картошечки»).

Она выглядела обречённой, эта женщина, потому что не имела сил бороться за себя и своих малюток. Продавать и менять ей было нечего, вот и голодала с детьми. Ходить в колоннах на работу за баланду с куском хлеба? А кто останется с детьми, кто их накормит? Брать же детей с собой в колонны строго-настрого запрещалось. И никого из близких не осталось, неоткуда ждать помощи...

Однажды я подошла к ней и предложила:

— Я смотрю, как вы мучаетесь. Давайте переправим ваших детей в «русский» район, в детдом. Я вот свою дочку пристроила под белорусской фамилией.

Она отказалась.

— Когда мы вместе, мне спокойнее. Отдам их — и изведусь от неизвестности. Да и кто гарантирует, что они там выживут?

Тоскливо у меня на душе сделалось. Протягиваю руку помощи и натыкаюсь на холодное отчаяние, опустошённость и безысходность. И вдруг откуда-то изнутри, из самой глубины всплыло отчётливое и устрашающе-ясное понимание: можно спасти лишь тех, кто сам хочет спастись. А она н е х о т е л а. И многое мне в этот миг открылось...

Возможно, это нежелание спастись стало её протестом, протестом слабой, растерянной, разуверившейся женщины, протестом возвышающим, очищающим и искупляющим. Чем т а к жить, лучше никак не жить.

Как погибла та женщина? — думал я. Может, пролезла с детьми под проволоку на глазах охраны, не остановилась на окрик, продолжая отмеривать шаги, каждый из которых мог оказаться последним, и без стона, с одним лишь болезненно-сладостным ощущением и з б а в л е н и я легла под автоматную очередь. Или, может, появилась в городе, демонстративно не сняв латы, не покрыв, как другие женщины, плечи платком, чтобы скрыть презренные жёлтые знаки, подошла, ведя за руки малышей, к помещению гестапо и что-то негодующе выкрикнула на идиш, так похожем на немецкий. Или, может, дала детям и приняла сама яд, имевшийся в гетто у многих. Стоит ли заниматься беспочвенным гаданием... Одна из многих жертв, она добровольно вошла в реку забвения, и река поглотила её.

Спасти можно лишь тех, кто сам хочет спастись.

Люди, которые сошли с грузовиков — мужчины, женщины и дети всех возрастов, — должны были раздеться по приказу эсэсовцев,- имевших при себе кнуты или плётки... Без криков и плача эти люди, раздетые, стояли семьями, целовали друг друга, прощались и ожидали знака от другого эсэсовца, который стоял около насыпи также с кнутом в руке. В течение 15 минут пока я стоял там, я не слышал ни одной жалобы, ни одной мольбы о милосердии.

Я наблюдал за семьёй: мужчиной и женщиной в возрасте около пятидесяти лет с детьми около восьми и десяти лет и двумя взрослыми дочерьми, около двадцати и двадцати четырёх лет. Пожилая женщина со снежно-белыми волосами держала на руках годовалого ребёнка, пела ему и играла с ним. Ребёнок ворковал от удовольствия. Родители смотрели на него со слезами на глазах. Отец держал за руку мальчика приблизительно лет десяти и что-то мягко говорил ему Мальчик боролся со слезами. Отец указывал ему на небо, гладил его по голове и, казалось, что-то объяснял ему. В этот момент эсэсовец у насыпи приказал что-то своему товарищу. Тот отсчитал около тридцати человек и приказал идти за насыпь. Среди них была и та семья, о которой я говорил. Я запомнил девушку, стройную, с чёрными волосами, которая, проходя близко от меня, показала на себя и произнесла: «Двадцать три».

Я обошёл вокруг насыпи и оказался перед огромной могилой. Люди лежали друге на друге, так что были видны только их головы. Почти у всех по плечам струилась кровь из голов. Некоторые из расстрелянных ещё двигались. Некоторые поднимали руки и повёртывали головы, чтобы показать, что они ещё живы. Яма уже была заполнена на две трети. По моему подсчёту, там уже было около тысячи человек.

Я поискал глазами человека, производившего расстрел. Это был эсэсовец, сидевший на краю узкого конца ямы, ноги его свисали в яму. На его коленях лежал автомат, он курил сигарету. *Люди, совершенно нагие, сходили вниз по нескольким ступенькам, которые были вырублены в глиняной стене ямы, и карабкались по головам лежащих там людей к тому месту, которое указывал эсэсовец. Они ложились перед мёртвыми или ранеными людьми, некоторые ласкали тех, которые были ещё живы, и тихо говорили им что-то. Затем я услышал автоматную очередь. Я посмотрел в яму и увидел, что там бились в судорогах люди; их головы лежали неподвижно на телах, положенных до них. Кровь текла из затылков.*

**Из воспоминаний Грабе, свидетеля расстрела евреев
в польском местечке Дубно**

Я придерживаюсь мнения, что, когда в течение долгих лет, в течение десятилетий проповедуется доктрина о том, что славяне являются низшей расой, а евреи вообще не являются людьми, такой исход неизбежен.

Нацистский преступник Бах-Зелевски

ГЛАВА СЕДЬМАЯ

К чему слова и что перо,
Когда на сердце этот камень,
Когда, как каторжник ядро,
Я волочу чужую память?

И. Эренбург

Неожиданно после того, как мы пару минут шли молча, он начал разговор: «Как ненавижу я этот Восток. Уже снег стал меня раздражать…» Прогулка была предпринята исключительно для того, чтобы отвлечься и забыть о тяжёлых вестях с фронта (началось наступление Красной Армии под Сталинградом.—Д. Г). Возможно, он, когда мы отправились, совершенно не думал о евреях. Но снег вновь напомнил ему о зимней земле на Востоке, и при этой ненавистной картине он тут же обратился к старому противнику, которого он с самого начала винил во всех раздорах, неудачах и угрозах своей жизни. Никогда я так отчётливо не воспринимал, как в тот момент, сколь непременно необходима фигура еврея для Гитлера—объект ненависти…

Из воспоминаний Шпеера

«Не хвались завтрашним днём, ибо не знаешь, что случится сегодня». Так говорили мудрые старики из местечек. Только подпольщики воспряли духом, нарисовали сами себе радужные картины массового ухода в леса, начались провалы. Как и в городе, из-за недостаточной конспирации, осторожности. Да и болтунов хватало. Воистину у умного язык в сердце, у глупого сердце на языке. К тому же нашлись провокаторы. А самое главное, после мартовских событий сорок второго, гибели Славки и его друзей гетто оказалось отрезанным от городского подполья.

Гестапо вывесило приказ: кроме жёлтой латы, каждый еврей обязан носить белый номер с указанием улицы и дома, в котором живёт. Белый номер ещё более усложнил жизнь подпольщиков. Ворвавшись теперь в любой дом, гестаповцы и полиция могли сразу определить, нет ли тут посторонних.

Комендант Готтенбах ввёл воскресные «аппели» — переклички. Всё население сгоняли на Юбилейную площадь слушать проповеди. Тех кто оставался в домах, расстреливали на месте О чём вещал Готтенбах? Стращал партизанами (узников гетто — партизанами?!), уговаривал не уходить в леса, где ждёт неминуемая смерть от голода и холода, сулил прекратить массовые «акции» — только добросовестно работайте. Обещал вознаграждение за каждого выданного подпольщика или за того, кто намеревается уйти в лес. А потом выталкивал вперёд Горелика. Начиналась «музыкальная пауза».

Горелика слышно было всем. Специально не убивали его — пусть поёт, бередит еврейские души. И он пел под оркестр. И как пел! Начинал с молитвы «Бмоциэй йойм мнухо», обычно исполнявшейся в синагогах на исходе субботы. «На исходе дня отдыха удали всякую печаль и стенание, пусть грядущая неделя принесёт довольство и спасение, пусть в этом месяце будут Слышны голоса радости и веселья, и пусть будут удовлетворены все наши потребности». Это в гетто — голоса радости и веселья…

Люди плакали. Напоминало пение Горелика мирные дни у семейного очага, детский смех, улыбки любимых, да мало ли что напоминало. У немцев был свой расчёт: расслаблять души, вселять в них тоску и безысходность. Плачущие не опасны.

(Подобные концерты немцы устраивали почти во всех гетто и концлагерях. Директива у них имелась на сей счёт, что ли? Оркестры создавались из первоклассных музыкантов-узников. В Маутхаузене, например, под звуки игривых французских мелодий надевали петлю на шею осуждённого к пове-

шению. Экзекуции нередко проводились «под Штрауса». После неудачной попытки бежать заключённого вели на виселицу, а оркестр исполнял песенку: «Ах, попалась, птичка, стой»...

Палачи чувствительны к музыке. Есть фото: представители верхушки гитлеровского рейха с разнеженными поросячьими лицами упиваются Вагнером. Адольф Эйхман — «бухгалтер смерти», повинный в геноциде, стоившем евреям шести миллионов погибших, в часы отдыха обожал играть на скрипке. И только ли он...

А может, они находят в музыке нечто иное, отнюдь не разнеживающее, сентиментальное, убаюкивающее, а напротив — будоражащее звериные инстинкты? Садист Алекс, герой знаменитого фильма «Механический апельсин», сатанеет от бетховенской Девятой симфонии.

О музыка, великий секрет, неразгаданная тайна, отрада и яд, сладость и страдание!)

«Аппели» с пением прекратились в июне. Месяцем раньше удалось нащупать в городе кое-кого из оставшихся подпольщиков. Непросто теперь выбираться через проволоку. Гетто усиленно охраняется и днём, и ночью. Но это не преграда для Михеля Гебелева, живущего под тремя фамилиями, меняющего квартиры и «малины», ускользающего от слежки гестапо. У него своя система, которая пока не подводила. С набором столярных инструментов под мышкой он обычно направляется к Ново-Мясницкой. Оттуда через развалины легче подойти к проволоке. Остановят полицаи — он им аусвайс: работаю столяром мастерской в «русском» районе. Пропуск липовый, но исполнен безупречно. Оглядывается. Если поблизости никого, кусачками перерезает проволоку, делает проход — и вот он уже вне гетто. В тайничок под обгорелым толстым деревом прячет пиджак с жёлтой латой и белым номером, надевает другой, цивильный, с надёжным паспортом. Теперь ему сам чёрт не страшен. Если, конечно, гестаповцы не нащупают след.

В квартире на Торговой улице в начале мая Гебелев встретился с уцелевшими подпольщиками. Увидел знакомых — Ватика, Омельянюка, Сайчика, Хмелевского… Разговор завязался серьёзный. Подытожили работу за полгода, пришли к выводу: не всё было продумано, учтено, взвешено. «Десятки» оправдали себя, пожалуй, лишь в гетто. Нужны более тесные связи с важнейшими предприятиями — на них ориентироваться в первую очередь. Ну и, понятно, конспирация. Это самое слабое место.

С учётом ошибок и промахов, за которые заплатили жизнями товарищи, постановили: основой подпольной парторганизации города считать производственно-территориальную ячейку не более чем из пяти человек, работающих на данном заводе или в учреждении. Можно создать на предприятии несколько ячеек, независимых друг от друга. Возглавляющие ячейки через связных выходят на кустовые комитеты, те подчиняются райкомам. Задачи у всех определённые, в зависимости от возможностей: изготовление документов, агитация, саботаж, диверсии, разведка, уничтожение предателей. Избрали новый городской партийный комитет. Образовали пять подпольных райкомов. В том числе в гетто, где секретарём назначили Гебелева.

Работать всё труднее. Гестаповцам известны имена подпольщиков, их разыскивают. У Гебелева есть всякие документы, но и это может не спасти. Со Столяревичем же вышла такая история.

Немцы пригрозили юденрату: если не поможете его найти, всех вас уничтожим. Тогда кто-то догадался заполнить чистый бланк паспорта на Ефима Столяревича, вымазал его в крови и отдал в гестапо: дескать, паспорт извлечён из одежды убитого в одном из домов, где ночью был погром. Немцы вроде успокоились.

Михаил Гебелев

А вот Зяма Окунь, пробираясь в испытанную «малину» на Замковой улице, попал в руки еврейских «оперативников» и был передан в гестапо. Ещё одна потеря. Увы, не единственная.

Арестовали Евеля Рольбина — руководителя «десятки». Работник с мыловарни таскал ему мыло, дочь Лена продавала мыло на рынке, на вырученные деньги покупали тёплую одежду, лекарства. Всё шло хорошо до тех пор, пока рабочему с мыловарни не взялся помогать один тип по имени Янкель, невысокий, коренастый, чернявый, больше похожий на цыгана. Рольбина предупредили — будь с ним осторожен. Поздно.

Утром первого июля дом окружили гестаповцы с собаками. В «малине», которую выдал Янкель, ничего не нашли. Принялись зверски избивать Евеля и его сына Михаила. Ударом приклада Евелю разбили голову. Потом натравили на них овчарок. Миша побежал, гестаповцы застрелили его. Воспользовавшись суматохой, жена и дочь Рольбина через пролом в заборе выскочили в соседний двор и скрылись.

Предателя Янкеля приговорили к смерти и вскоре уничтожили.

◼ Елена Рольбина:

> В начале августа я получила сообщение, что мой отец повешен в районе Комаровки. Рискуя жизнью, я с подругой Лилей Копилович пробралась на Комаровку и там в последний раз увидела отца. Узнала его сразу, хотя он был буквально растерзан. На груди у него висела табличка: «Повешен за связь с партизанами».

…Горько терять товарищей. И тем не менее подполье в гетто действует, по-прежнему организует массовый саботаж, собирает оружие. В партизаны уходят новые и новые группы, а с ними лучшие люди.

Немцы тем временем идут на провокации. Из леса привозят десятки обезображенных трупов и выставляют на всеобщее обозрение. «Полюбуйтесь, вот работа еврейских бандитов, уничтожающих мирных жителей!» Бандитами они называют партизан. Цель ясна—возбудить в народе ненависть к евреям.

Гебелева арестовали в июле сорок второго, когда он готовил уход к партизанам нескольких десятков военнопленных. Случилось это у проволоки. Михаил успел спрятать «еврейский» пиджак с латами и пропуском на имя Русинова. В тюрьме он оказался как русский. Тайник обнаружили. В гетто объявили: кто укажет, чей это пиджак и кто такой Русинов, получит вознаграждение. Никто не откликнулся.

По свидетельству подпольщицы Мелентович, Гебелев прислал из тюрьмы записку. Он хорошо знал Мелентович, встречался в её квартире со Славкой. Записка предназначалась Николаю Шугаеву, секретарю Советского подпольного райкома партии. Гебелев просил Шугаева с помощью знакомого ему полицейского принять меры к его освобождению. Михаилу стали готовить побег. Предложили охранникам большие деньги. Ничего не вышло.

Погиб Гебелев, очевидно, в августе. Посмертно он был награждён орденом Отечественной войны второй степени. Его именем названа улица в Минске.

…Дети гетто. Сколько их было: тысяча, две, десять? И кого считать детьми, до какого возраста? За колючей проволокой быстро седели, старились—и взрослели тоже. Д о с т о е в с к а я слезинка замученного ребёнка капля за каплей рождала море слёз—во имя фашистской «высшей гармонии».

▨ Феликс Липский:

В гетто мне исполнилось четыре, потом пять лет. Я помню чувство страха и чувство голода. Боялись немцев, полицаев, «оперативников». Есть хотелось всегда, даже во сне. Мне иногда неловко садиться за стол в гостях: мигом сметаю все, что в тарелках. Ничего не могу с собой поделать—это от того времени.

Страх быстро улетучивался—вернее, как бы тускнел, становился привычным. К голоду же привыкнуть оказалось невозможно.

Мы рано становились понятливыми, сообразительными. Если прятались в «малинах», понимали — надо молчать, молчать во что бы то ни стало. Если попадали в лапы немцев, кожей ощущали — надо бежать, бежать во что бы то ни стало.

В один из погромов возле кладбища стояла «душегубка». Хватали и запихивали в неё всех, кто попадётся, без разбора. Маму и меня тоже втолкнули. Улучив момент, мужчины изнутри сильно ударили по двери, часовой упал, мы выпрыгнули и побежали. До сих пор помню этот бег. Потом, когда спрятались, у меня начался понос.

Роза Липская:

Подпольщики принесли мне домой мешочек со шрифтом. Я его спрятала под подушку. Кроме кровати, у меня ничего не было. На ней я спала с сыном Феликсом. Рядом стояла кровать соседей. Сосед, на мой взгляд, был нехороший человек, я его опасалась.

Пришёл Феликс и лёг на кровать. Стал поправлять подушку, вдруг из-под неё выпал мешочек и шрифт рассыпался. Мой сын мигом спрыгнул с кровати и скорее начал собирать шрифт. Ребёнок уже всё понимал…

Циля Ботвинник:

Когда мы садились переписывать листовки, Феликс без чьей-либо подсказки выходил из комнаты, садился на крылечке и охранял нас. Сигнал о чём-то подозрительном подавал так: начинал петь или плакать.

Я пришла к Розе, его матери, с частями от винтовки, а её не оказалось дома. Уйти с таким грузом я не могла. Феликс увидел мою растерянность и говорит: «Тётя Циля, не бойтесь, положите этот свёрток мне под подушку, я буду лежать, пока мама не придёт, а если ребята позовут играть, скажу, что заболел».

Мы покинули гетто в июле сорок третьего. Никто не верил, что пятилетний мальчик, истощённый, похожий на свечечку, сможет дойти до места, где нас ждут партизаны.

Сколько же мужества он, проявил! Только всё время просил: «Мамочка, не отставай от группы, пойдём скорее, я очень хочу жить».

Сотни детей гетто с помощью подпольщиков оказались в русских детских домах. Любой ценой родители хотели сохранить им жизнь и сознательно разлучались. Потом, после освобождения Минска, находили или искали. Иногда долгие годы.

Софье Гродайс посчастливилось: она нашла дочь.

Лилия Гродайс:

Трёх с половиной лет от роду я получила новое имя — Маня Жук. Мама смогла записать меня белоруской и переправить в детский дом.

Что я помню? Помню детдомовский сад с крупными антоновскими яблоками. В бомбёжку деревья горели, яблоки запекались на ветках и падали в траву. Стоял немыслимо вкусный запах…

Ещё помню: дети вокруг говорили, что у евреев кровь чёрная. Я боялась нечаянно порезать палец или разбить коленку: вдруг потечёт кровь и все поймут, что я еврейка.

Постоянно голодали. Однажды воспитатели нарочно покрошили мыло, чтобы отучить нас собирать объедки. Мы приняли это за хлебные крошки и съели.

Приходили немцы, спрашивали у меня: где твои родители? Я, видимо, вызывала у них подозрение. Отвечала — не знаю. Я всё понимала, абсолютно всё, хотя сейчас это кажется невероятным.

Дочь активной подпольщицы Аси Пруслиной также отдали в русский детдом. Следы девочки затерялись. Мать безуспешно искала её. Едва окончилась война, Пруслина добилась разрешения поехать в Германию: прошёл слух, что многих детей из Минска вывезли туда.

Многие советские дети и впрямь оказались на территории поверженной Германии, в различных оккупационных зонах.

Но дочери Аси среди них не было И опять безрезультатные поиски.

Затем Пруслина выступила по Всесоюзному радио с требованием вернуть наших детей на родину И надо же такому случиться — выступление её услышала дочь Зина, эвакуированная в Куйбышев.

Не всем так везло. После «акции» 20 ноября сорок первого Цилю Ботвинник с новорождённым ребёнком приютила семья Кублиных. Когда ребёнку исполнилось шесть недель, друзья помогли Циле передать его русской женщине. Сведения о малыше она получила через свою знакомую в гетто, хорошо знавшую ту женщину. В страшном четырехдневном июльском погроме сорок второго эта знакомая погибла, и Ботвинник потеряла возможность найти ребёнка.

Тяжелее всех приходилось тем, кто, как Циля Ботвинник, рожали в начальную пору гетто. Они производили на свет о б р е ч ё н н ы х. Новорождённые жили месяц, два, от силы — четыре.

Дарья Вапнэ:

Родовые схватки начались у меня ночью. Как врач я понимала — спасти меня могут только коллеги. Пошла к больнице, перелезла через забор (сейчас не верю, что такое было возможно). Лаяли собаки, я думала, что меня найдут и прикончат. Обошлось…

Сын мой прожил четыре месяца. Я приняла горькое известие без слёз, понимая — иная судьба мальчику не была суждена. Бесконечные погромы, утрата родителей, сестёр притупили мою боль.

В гетто к смертям мы относились иначе. Условия существования вырабатывали своего рода иммунитет, невосприимчивость к ним, иначе бы мы все в одночасье сошли с ума.

Полина Айзенштадт:

На территории гетто тоже существовал детский дом. После очередных облав и погромов сирот прибавлялось. Врачом здесь работала Сима Чернис. Моя тётя дружила с Симой и, после того как я переболела тифом, усроила меня к ней.

Кормились скудно. Смертность была высокой. Дети умирали от дифтерита, других заразных болезней. Их заворачивали в простыни и хоронили. Я носила такие узлы на Кладбище. Думаете, мне было страшно? Нет. Привычно. Что-то данное от природы, вековечное отмирало в нас. Особая реакция психики, дотоле никем не изученная.

Детский дом о б е з л ю д и в а л и дважды — второго марта сорок второго и в апреле сорок третьего Второй раз — окончательно.

…Днём второго марта внезапно всех нас вместе с детьми стали выгонять во двор. Мы уже знали — в гетто царит кровавый разгул и нам спасения нет. Но чтобы детей?! В момент высшего напряжения, стресса мозг мой начинал работать с удесятерённой энергией. Держу аусвайс в вытянутой руке, сую под нос эсэсовцу: «Я пойду помогу одевать детей». Вхожу и вижу Чернис в белом халате. Лицо у неё цвета халата. Аккуратно так, неторопливо, добротно завязывает ребёнку шарфик. Чтобы не простудился… Мне чудом удалось спастись.

Детей живыми кидали в яму и засыпали песком под душераздирающие крики. Один из узников гетто вспоминает: приехал сам обер-палач Белоруссии Кубе, швырял конфеты детям, которых вот-вот бросят в могилу. Факт этот ничьими другими воспоминаниями не подтверждается. Кубе действительно бросал конфеты детям, но в тот ли день, в тот ли момент? Впрочем, какое это имеет значение…

Обезлюдевший 2 марта 1942 года детдом снова стал наполняться — нужно было куда-то девать детей, оставшихся без родителей и родственников. Через год он опустел окончательно.

▓ Михаил Столяр:

В детдоме я подружился с еврейским мальчиком из Польши, по прозвищу Гот. Бог, значит. Набожный он был, знал

массу песен, стихов. Я его подкармливал. А приходил я в детдом помыться и переночевать. Вся жизнь моя и моих сверст-
ников — таких же заполошных пацанов — проходила на вокзале. Что мы там делали? Это отдельный разговор..

Тот апрельский день сорок третьего выдался удачным.
Я кое-что *сбомбил* в товарняке, продал, купил пончиков
и угощал ребят. Гот пел, дурачился.

Легли спать. Снится: кто-то обнимает и целует меня.
«Мишка, прощай!» Просыпаюсь: стоит Гот и впрямь обнимает
и целует меня. Выглядываю в окно. Внизу машины, фонарики
высвечивают немцев, полицаев. Я с ходу — на первый этаж.
Гот и ещё несколько ребят за мной. Там лючок, мы в него за-
ползаем и сваливаемся в какую-то яму.

Слышу: кто-то продирается к нам. Три выстрела.; Чую —
дело худо. Начинаю выбираться й выскакиваю наружу... Полицай — за мной. Юркнул я от него и упал рядом с фундамен-
том здания.

Кто-то рядом со мной: «Ой, холодно...» Оказалось, инвалид,
тоже спасался. Дело в том, что одну половину здания зани-
мал детдом, вторую — инвалидный дом.

Нас обнаружили. Немцы фонариками светят, гогочут, а полицаи пляшут на лежащем инвалиде, уминают его сапожи-
щами. Я резко бросаюсь в сторону и даю дёру что есть духу.
В меня стреляют. Что-то сильно обжигает. Бегу, а сам думаю,
что уже мёртвый.

Стучусь в первый попавшийся дом. Не открывают. Стучусь
в другой. Открывают, видят меня окровавленного. «Детдом
убивают!» Забинтовывают царапину от пули — неглубокая,
к счастью, оказалась — и прячут в погреб. До утра.

Утром выхожу на свет божий перебинтованный, голый, босой, а на улице заморозки. Меня обступает толпа. Кто-то на
идиш: «Лучше бы его пристрелили, чтоб не мучился». Выбираюсь из толпы и проходными дворами иду по направлению
к детдому. По дороге встречаю приятеля по вокзалу Оську.
Он мне: «Детдом пустой. Детей и инвалидов в „душегубки"
загнали».

Дом и в самом деле пустой. Около лючка нахожу чьи-то ботинки. Надеваю. Сверху на меня начинает капать — через пол стекает кровь. Подхватываю одежонку — и на вокзал, к своей шатии-братии.

Рядом с детдомом инфекционный барак находился с заразными детьми. Их той же ночью полицейские ножами исполосовали. Всех. Как потом выяснилось, нас всего трое спаслось. Из трехсот пятидесяти.

Мы последние дети последней войны.
Нас уже не слыхать, мы уже откричали.
Не жалейте, вы нам ничего не должны.
Да останутся с нами все наши печали!

Г. Русаков

Есть боль недуга. Есть боль грусти, тоски. Есть боль любви, сладчайшая и горчайшая. Есть боль горя, отчаяния, утраты, разлуки. Есть боль неминучая и проходящая. А есть боль запредельная.

Я не могу писать о том, как в «малине» задушили начавшего пищать девятимесячного ребёнка — плач мог навести немцев. У ребёнка не было имени — при рождении его никак не нарекли.

Я не могу писать о том, как шестилетний Яша вылез из-под груды облитых бензином горящих трупов (среди них и его родители) и, закоченев, обогревался у этого огня.

Я не могу писать о том, как сидели в крохотном скрыте двадцать человек, спасаясь от четырехдневного июльского погрома сорок второго, слыша за спиной крики и выстрелы, сидели в духоте и спёртости, без еды и без воды, и как изнемогшие дети пили мочу. В эти четыре дня у четырехлетнего Феликса Липского появились седые волосы.

Я не могу писать о том, как гестаповец Менцель, иногда проверявший рабочие колонны и не допускавший присутствия в них матерей с маленькими детьми, вырвал из рук женщины малыша, наступил ногой на его головку и разорвал тельце пополам.

Я не могу писать о том, как офицер Авсей Лупьян получил на фронте известие о гибели в гетто всей семьи и начал в перерыве между боями писать письма своим мёртвым детям — двум мальчикам и девочке.

Лет двадцать назад ломали дом, в котором семья Лупьяна жила до войны и куда он не захотел, не смог вернуться после фронта. В подвале он нашёл детские пинеточки и башмачки. Они хранились у Цили Ботвинник, которая также потеряла близких и на которой потом женился Лупьян. Пинеточки и башмачки теперь хранятся у их детей Яна и Семена.

За два часа до смерти у Авсея Семёновича, перенёсшего третий инфаркт, резко упало давление. Сын Ян, врач, ввёл отцу нужное лекарство, тот порозовел. «Есть Бог на свете, раз я пришёл в себя», — прошептал он. Но тут же добавил: — Нет, все-таки Бога нет. Если бы он был, он покарал бы Гитлера, а не моих малюток». Умирая, он вспоминал троих своих детей, погребённых в гетто.

Я не могу писать об этом, а пишу. Меня корчит от боли, выворачивает наизнанку от тошноты. В конце концов, я тоже человек, обыкновенный человек, чьи душевные силы не беспредельны. Я не могу об этом писать!!!

И вдруг как белая короткая вспышка, как искровой разряд — мысль: а надо ли вообще это вспоминать? Кому все это нужно? Может, лучше не бередить раны, не терзаться, не мучиться... На смену ночи обязательно приходит день, иногда солнечный, благостный, сулящий мир и покой. Сколько можно вспоминать войну?! До каких пор?!

...Девятый класс московской школы. Любопытствующие мордашки, упитанные, навитаминенные заботливыми папами и мамами. Застенчивые, ехидные, задумчивые, нагловатые взгляды. Странный взрослый дядя с согласия учительницы пытает их на предмет расшифровки не очень знакомого слова. Эксперимент ставит, что ли? Валяйте, дядя, мы не против, сейчас везде эксперименты.

— Гетто? Это вроде... ну как сказать... загона, что ли, для диких лошадей, — демонстрирует эрудицию парень с внятно пробивающимися усами. Шутит? Да нет, похоже, всерьёз. — Потом лошадей выпускают, и ковбои прыгают на них.

— Ты с родео спутал, чайник, — поправляют его.

— Гетто в Африке есть. Не помню только где — напрягает извилины девочка в очках с кокетливой чёлкой. — В газетах писали.

— Гетто? Это что-то такое, связанное с немцами и ещё, кажется, с неграми, — приходят на выручку с первых парт, куда, известно, плохих учеников не сажают.

Может, не надо им знать про настоящее гетто? Пускай себе живут в счастливом неведении. Оттого, вероятно, не очень любят они смотреть фильмы и читать книги про войну. Не все, конечно, но многие. Однако боль не даёт мне покоя, саднит и мучает, властно вкладывает перо в пальцы — пиши. Пиши для них, им это нужно. Может, не обрастёт душа коростой и научится воспринимать чужое горе как своё собственное…

Как же существовали в гетто другие дети, те, кто постарше? Как добывали пропитание? Ведь от этого во многом зависела жизнь или смерть. Путь был один — в город.

ВЛАДИМИР РУБЕЖИН:

Так случилось, что в гетто я оказался один-одинёшенек. Мать с моим младшим братом смогла эвакуироваться, отец ушёл на фронт, успев вывезти меня в Минск из пионерского лагеря. Словом, надеяться не на кого.

Роста я был маленького, но коренастый, шустрый. В обиду себя не давал. Ежедневно ходил на Комаровский и Суражский базары с мешком. Менял вещи (покуда имелись) на муку, лук, хлеб. Целыми днями пропадал в городе. Носил я тогда чёлку, на еврея не походил А вечером возвращался в гетто. Или втирался в колонну шедших с работы, или пролезал под проволокой. Как когда.

Ещё одно место сбора пацанья — вокзал. Как и остальные, я попрошайничал. Иногда из проходивших мимо немецких эшелонов бросали огрызки хлеба, остатки консервов. Тем и питался.

К ватагам я не присоединялся. Сам по себе. Если встречал немца и полицейского, никогда не убегал, не переходил на другую сторону улицы. Они ведь точно собаки — чувствуют, когда их боятся. Пёр нахально на них и глаз не отводил.

Жизнь учила наблюдательности. Бывало, подойду к гетто: что-то много охраны. Идти опасно. Возвращаюсь в свой родной довоенный двор, отдираю доску от сарая и ночую внутри.

Однажды попал в облаву. Полицаи шмон устроили. Отдал отцовские часы. Отпустили.

Второй раз, помню, на Юбилейную площадь согнали людей. На смерть. И я туда попал. Убежал.

Михаил Столяр:

В семье нашей девять детей было. Отец раньше жил за границей, владел английским, немецким, французским. Человек образованный, начитанный, люди к нему тянулись. В гетто он работал в портняжной мастерской. Русские соседи по старой квартире помогали, носили картошку к проволоке. Я, в свою очередь, частенько выходил в город менять оставшиеся вещи на продукты.

Второго марта сорок второго побежал навестить друга и попал в облаву. Русоголовый, получил плёткой по спине и полицейское напутствие: «Вон отсюда!» Полицай не признал меня за еврея.

Убежал через проволоку на вокзал, переночевал там, а когда вернулся — дом пустой. Все погибли. Только одна сестра смогла спрятаться в «малине». Сидела с ней сначала и старшая сестра. Сама, добровольно вышла из укрытия — и в колонну вместе с близкими. Погибать, так вместе.

Ходил с мальчишками на пассажирскую и товарную станции. Воровали, меняли, выклянчивали. Объединялись в ватаги, шайки. У всех клички. У меня — Чёрт. Опекал меня Капиталист — русский хлопец лет шестнадцати. Что собирал, половину ему отдавал. А он меня за это защищал.

Стоит на путях товарняк. Делаем дырку в вагоне, шарим руками, достаём что можем, кладём в мешки — и на рынок. Так и существовали.

Немцы облавы на нас устраивали. Собак пускали. Мы — под вагоны и врассыпную. Если русских ловили, часто отпускали, евреев же — в машину и на еврейское кладбище. Там и расстреливали. Я, видно, за русского сходил — дважды отпускали А вот Мишка Тайц побывал-таки в машине. Выпрыгнул. На ходу. Эсэсовец выстрелил — на Мишкино счастье, осечка.

Запомнилось вот ещё что. До войны в моём классе учился мальчик по фамилии Бат. Плохо учился, а я хорошо. Меня закрепили за ним. Семья его была неблагополучная, отец пьянствовал. Мы с ним сдружились. Тогда, надо сказать, мы не интересовались, кто какой национальности. Я не знал, что он, оказывается, немец, он не знал, что я еврей. И вот в сорок втором встречаю его в городе. Обрадовались. Завязали разговор. Он меня между прочим спрашивает:

— Ты кто по национальности?

— Еврей.

— Еврей? — делает удивлённые глаза, демонстративно поворачивается и уходит.

Однажды в русском районе окружила меня ватага пацанов.

— Жид, давай золото, а то убьём!

Начали меня колошматить. И вдруг окрик:

— А ну разойдитесь!

Это оказался Бат — вожак ватаги. Ничего мне не сказав, не поздоровавшись, он тем не менее увёл, пацанов.

Ну а дальше — детдом, куда я пришёл, дойдя до ручки, обовшивев, изголодавшись, спасение в апрельском погроме и уход в лес.

С каждым месяцем гетто охраняется всё строже. Но связь подпольщиков с городом и партизанами не должна оборваться, несмотря на провалы, гибель преданнейших людей. Подпольщики используют в роли связных и проводников мальчишек и девчонок. Детство отнято у них войной и геноцидом, хотя такого слова они и не знают. И участвуют в сопротивлении наравне со взрослыми.

Попадает в лапы гестапо Давид Герциг — бесстрашный Женька. Его пытают, но он никого не выдаёт.

Гибнет пятнадцатилетний Нонка Маркевич. В его квартире на Зелёной улице обнаруживают склад патронов, радиоприёмник. Гестаповцы забирают Нонку, его мать и младшего братишку.

Гришку Каплана — Сорванца — ловят при переходе через проволоку.

Самая страшная потеря — Эммы Родовой. С нею рвутся многие связи.

На их место встают новые бойцы — именно так хочется назвать юных мстителей гетто: Боня Гаммер, Давидка Клионский, Леночка Рольбина и десятки других. Мальчики и девочки десяти — двенадцати лет — глаза и уши подпольщиков, партизан. Сколько же тягостей выпадает на их долю!

Володя (Вилик) Рубежин везёт из Дома печати на саночках через весь город мешок, на четверть набитый типографским шрифтом. Адрес подсказан Брониславой Загало — связной одного из отрядов. Идёт Вилик, впрягшись в сани, и думает об одном: как бы миновать полицаев и немцев. А они как назло на пути. Страшно? Наверное, страшно. Только не дрейфить, глядеть гадам прямо в глаза, не подавать виду, что внутри каждая жилочка напряжена.

На краю города ждёт тётя Броня на подводе. Вилик отдаёт ей шрифт. Ещё одно задание выполнено.

Подпольщица Ася Пруслина узнаёт: у одного человека есть большой запас патронов. Он готов их отдать при условии, если его отправят к партизанам. Условие принимается. Пруслина просит помочь Сашу и Вову Барсуков — детей её знакомой, которая прятала евреев, помогала сестре Бэлле.

Ребята грузят цинковые ящики — девятнадцать штук — на сани, едут по условленному конспиративному адресу. И надо же случиться: на Долгобродской улице тяжело гружённые сани ломаются. Парни теряются и убегают — выдержка, она не на пустом месте рождается.

Целый день сани с патронами лежат на улице. Из дальней подворотни Саша и Вова следят за ходом событий. Никому и в голову не приходит поинтересоваться грузом. Вечером, убедившись, что никакой слежки нет, парни перегружают ящики на другие сани и отвозят.

Массовый уход в партизаны требует, новых и новых проводников. Выводит людей из гетто и Вилик Рубежин. Система отлажена: утром через проволоку — и цепочкой, с интервалами десять-пятнадцать метров, в направлении аэропорта. Там очередную группу встречает тётя Броня.

Были проводники, особо «ценившиеся» и у немцев. За поимку тринадцатилетней Симочки, племянницы члена подпольной группы Арона Фитерсона, назначили большую награду.

▨ СЕРАФИМА ВОДЗИНСКАЯ:

На окраине Минска были кирпичные заводы. Фашисты гоняли туда людей на работу. Пристроюсь к колонне и прохожу в город. Так же и обратно. На заводе гоняли не только из гетто. Работали там и белорусы, русские.

Однажды в марте сорок третьего — ещё не стаял снег — на заводе в обеденный перерыв молодёжь грелась у костра. Девчата что-то напевали. Угостили меня печёной картошкой. Я возьми и запой негромко песню про бойца, о подвиге которого знает Сталин. Немец-охранник услышал «Сталин», бросился ко мне, пнул ногой, стал кричать на ломаном русском: «Ти ест партисан!»

Потом убежал — видно, кого-то позвать. Мне говорят у костра: «Девочка, тебя расстреляют. Вон в заборе лазейка, тикай...»

И я убежала, но не домой, а в Старое село. Слышала, что там бывают партизаны. Уже стемнело, когда на околице меня остановили. Спрашивают: «Ты чего по ночам, такая маленькая, бродишь? Заблудилась?» Я вначале решила: полицаи. Потом увидела: девушка с автоматом. Была не была, думаю, расскажу как есть, кто я и откуда. Так я попала в отряд имени Пархоменко.

А в апреле первый раз отправилась с заданием в Минск, в гетто. Вывела группу людей. Делала это неоднократно. На всякий случай имела нееврейские документы и маленький дамский пистолет.

Арон Фитерсон:

Сказали, что в одном доме меня ждёт человек. Кто, зачем? Теряюсь в догадках. Раз ждёт, надо идти! Захожу к моему знакомому Канторовичу. В комнате стоит высокая, застланная красивым покрывалом кровать, похожая на свадебную. Меня это удивило. «Жениться собрался?» — спрашиваю Канторовича. И вдруг кровать зашевелилась, оттуда выскакивает Симочка и бросается мне на шею: «Дядя, я пришла за вами, мне велено отвести вас в лес!»

Я отказался идти без Розы Липской и её сына Феликса. После того как я в погроме потерял семью, мы сблизились. Оставить их я не мог.

Симка, чертёнок, кружит вокруг меня, весёлая, возбуждённая. «Будь осторожна», — только и сказал я ей на прощанье.

Серафима Водзинская:

Предатель, видно, донёс на меня. Хватало мрази и в гетто. Как говорится, позвольте и нам иметь своих подлецов... Я тогда ещё не знала об этом и завернула к нашему дому предупредить маму, чтобы готовились к уходу в лес.

Вижу в окно: во двор входит Готтенбах с полицейским. «Мама, это за мной». Прячусь под периной в самую глубину кровати. Готтенбах — главный гестаповец, отвечающий за гетто, спрашивает маму: где дочь? Потом вдвоём принимаются её избивать. Два младших братика плачут, да разве слёзы фашистов остановят...

У меня чуть сердце не разрывается. Хочу выйти, попросить, чтобы маму не мучили: мол, вот я. Но тут же сама себе говорю: маму они всё равно не отпустят.

Увёл Готтенбах маму и братиков. Я убежала в лес. На квартире немцы засаду устроили, это потом мне рассказали. По возвращении в отряд посмотрела на себя в зеркало: наполовину седая. В тринадцать-то лет...

Рейхскомиссару Остланда Лозе г. Минск

...На подробных совещаниях с бригаденфюрером СС Циннером и исключительно.энергичным руководителем СД оберштурмбанфюрером СС д-ром права Штраухом сообщалось, что за последние 10 недель в Белоруссии ликвидировано около 55 тысяч евреев. В Минской области евреи полностью истреблены, причём от этого не пострадала вербовка рабочей силы...

В Минске и в будущем останется значительный контингент еврейской рабочей силы, поскольку производство на военных предприятиях и ж/д транспорте временно этого требует. Во всех остальных областях число евреев, используемых в качестве рабочей силы, устанавливается СД и мною в количестве самое большее 800 человек, а по возможности не более 500. Таким образом, после завершения объявленной нами акции у нас останется: в Минске 8,6 тысяч и в остальных десяти областях, включая избавленную от евреев Минскую область (сельскую), около 7 тысяч евреев. Поэтому больше нет опасности, что в будущем партизаны будут существенным образом опираться на еврейство.

Разумеется, и мне, и СД было бы всего приятней после того, как отпадут экономические нужды вермахта, окончательно искоренить еврейство в главном районе Белоруссии..

Генеральный комиссар по Белоруссии Кубе.
10 августа 1942 г.

Можно забыть многое, но обличие палача, мучителя — никогда. Вот почему каждый бывший узник гетто, кому я называл фамилию «Маркман», реагировал похоже: «А, эта рыжая Мирка…»

Её боялись пуще огня. Из еврейских «оперативников», а их насчитывалось десятка два, Мирка считалась одной из самых злобных. Активно помогали ей Йоха, Элинка Гинзбург, ещё двое или трое, а самым главным был Эпштейн — заведующий биржей труда юденрата. «Гестапо мне полностью доверяет», — похвалялся он во всеуслышание.

Винтовки «оперативникам» не полагались, их оружие — глаза и уши. Они должны были видеть и слышать всё, что тайно делалось в гетто, и доносить кому следует.

Они презирали еврейскую толпу, редеющую с каждым месяцем. А толпа презирала их. Рыжая Мирка — крепко сбитая, статная, вчерашняя физкультурница — держалась уверенно, во всяком случае внешне, всем своим видом показывая, что ей начхать на косые взгляды. Другие нервничали. Та же Иоха. Отец её, печник, говорил, что ему стыдно в глаза людям глядеть. Мирка советовала Иохе: «Дёрни его раза два за пейсы, чтоб образумился. Ты ему жизнь сохраняешь, а он позорит тебя».

«До тех пор пока гетто существует, нас не тронут», — считали Мирка и её пособники. Хотя бывали и исключения. Командовал «оперативниками» Розенблат, варшавский еврей — вор, сутенёр и пьяница. Чем-то не угодил гестапо и сам туда загремел. Расстреляли его.

…Четырехдневный погром конца июля сорок второго; Гетто в крови, немцы и полицаи пьяные, прямо на улицах накрыты столы с едой и вином — Эпштейн расстарался. Пьют и убивают, снова пьют и снова убивают. В ночь на тридцатое июля объявляют работникам юденрата: завтра будет решён вопрос, жить вам или червей кормить. Утром забирают часть из них, в том числе нескольких «оперативников», грузят в душегубки. Мирке повезло — уцелела.

После ещё рьянее начала служить немцам, помогать полицаям. И ловила себя на зависти к Эпштейну Вот кто хорошо устроился. Красивый малый, невысокий, ладный. Сам из Лодзи. Советскую власть на дух не переносит. Женился в гетто. Роза, жена его, тихоня, скромница, сероглазая, белокожая. Любит его, а он над ней измывается. И брату её Борьке достаётся. Борька как-то спросил сестру: «Зачем за бандита вышла?» Та потупилась, молчит.

Хитрющий Эпштейн надумал буфет устроить, где немцев можно угощать. Своего рода комнату отдыха. Нашёл нескольких девушек посимпатичнее, обрядил их в халатики белые. Не хватало кондитера. Кто-то подсказал: есть кондитер, Хася Фридлянд — «Пекарка». Удивительные вещи готовила до войны. Мигом доставили её на биржу труда. Переселили поближе к юденрату, муку дали, яйца, масло — показывай своё уменье. Мирка шепнула Эпштейну: «Хася эта ненадёжная. По-моему, помогает кое-кому, метит к партизанам». Он на неё косо глянул: «Ты, рыжая бестия, не смей мне обедню портить. Мне высокое начальство немецкое принимать надо по высшему разряду, а ты всякую ерунду плетёшь».

Заработала комната отдыха вовсю. Немцы довольны, хлопают Эпштейна по плечу. Особенно часто Менцель туда заходит, высокий, с волосатыми руками, на гориллу похож. «Если я не вижу крови, у меня пропадает аппетит», — ржёт во всё горло.

Эпштейн перед немцами выслуживался как мог. Однажды гестаповцы плотно, с вином и водкой, пообедали и высказали желание послушать музыку. Тут, на удачу, мимо биржи проходил Барац — скрипач варшавской, а затем минской филармонии. Эпштейн его заарканил, «Я два года инструмент в руках не держал», — отнекивался Барац. «Играй, коль я тебе приказываю», — зашипел Эпштейн и сунул ему скрипку. Играл Барац минут десять. Немцы разомлели, едва слюни не пустили. Благодарили Эпштейна, даже руку жали.

А потом отмечался день его рождения. Ждали высоких гостей, те почему-то не приехали. Новый председатель юденрата Заменштейн произнёс первый тост:

— Сегодня мы собрались по случаю дня рождения нашего уважаемого Эпштейна. Здесь, среди евреев, можно говорить открыто. Хоть немцы и пытаются скрывать от нас события на фронте, им это не удаётся. Наверное, скоро сюда вернётся советская власть. Надо подумать о том, чем мы её встретим. Юденратом сделано немало хорошего, но и немало плохого. Простят ли нам плохое?

Эпштейн скривился, однако не возразил ему. Да и нечего было возразить.

Мирру Маркман и Йоху удалось заманить в лес. По приговору партизан они были казнены. Эпштейн оказался хитрее, в лес не пошёл. Да и на что он там мог рассчитывать... Не было ему прощения на этой земле. Где и как закатились его дни? Этого, наверное, уже никто не сможет сказать.

▨ Хася Фридлянд:

Мало нас немцы и полицаи мучают, так ещё и сами евреи добавляют мучений. Про Соню слыхали? С виду приличная девушка, хорошо одетая, красивая такая. Я бы сказала, на еврейку не похожа. Ребята наши к своей работе привлекли её, проводником. Как-то попалась, гестапо завербовало её, и начала она людей выдавать. Подпольщиков.

Меня просят поближе познакомиться с Соней. Поближе так поближе. Замечаю, она часто выходит из гетто менять вещи на продукты. Прошу поменять кое-что и для меня, добыть десяток яиц или немного масла. Даю добротное пальто и платье — от ребят специально получила. Меняет она все как надо. Спасибо.

В другой раз говорю:

— Возьми меня с собой на менку.

Соня плечиками подёргивает:

— Куда ты пойдёшь, Хася? У меня аусвайс от СД, а у тебя? Схватят и в тюрьму отправят.

Не стесняется об аусвайсе гестаповском обмолвиться: нарочно или и меня вовлечь в свои делишки намерена?

А у неё как-то само собой вырывается:

— Вот если бы я могла на тебя рассчитывать, если бы ты помогла мне... — прижимается и целует меня, словно подружку близкую.

— В чём помочь, Соня?

— Пусть это останется между нами, Хася. Где можно найти тех, кто ребятами руководит? Посодействуй, ты же многих знаешь, а я тебе выхлопочу такой же аусвайс от СД. Не будешь бояться, что тебя уничтожат.

Я дурочку разыгрываю.

— Кто тебе нужен, Соня?

— Не прикидывайся, прекрасно знаешь.

— Хорошо, попробую, — отвечаю после недолгого раздумья.

Тут же нахожу ребят, всё им рассказываю. Совещаются и дают мне задание:

— Эту пакость Соню надо отравить, иначе она наделает больших бед.

В гетто у многих яд имеется. А у меня нет. Я, как бы трудно ни было, не представляю, что смогу воспользоваться им. Беру яд у врачихи больницы. Не за просто так — за обещание переправить её к партизанам.

Из разговоров с Соней узнаю: она очень хочет выйти замуж. В такое время — и замуж... А с другой стороны, живые — о живом. Человек всегда на лучшее надеется, верит, что минет горе и наступит нормальная жизнь. Только невдомёк ей: при фашистах жизни ни нам, евреям, ни белорусам, ни русским — никому не будет.

Жалко мне становится Соню, так жалко, что передать не могу. Но едва вспомню, какие чёрные дела она творит, жалости как не бывало.

Говорю: есть для тебя прекрасный парень. Устраиваю у себя вечеринку, приглашаю Соню, знакомлю её с «женихом». Подаю чай с водкой, в Сонин стакан незаметно сыплю яд. А сама трясусь. Думаете, легко отправлять человека на тот свет? Даже такого, как Соня? Ладно, не будем об этом.

То ли яд оказался слабый, то ли у Сони слишком крепкое здоровье — словом, не смогли мы её отравить. Плохо ей, рвота...

Через несколько дней с нею всё же покончили. Напоили допьяна, застрелили и бросили в канализацию.

Немцы всполошились, ищут Соню. Гадина Йоха, та, что с извергом Эпштейном якшается, пронюхивает: «Соня часто к Хасе заходила».. Приводит полицаев. Те начинают мучить меня, требуют, чтобы я сказала, где Соня. Я им: знать ничего не знаю. Зубы мне выбивают. А Йоха, сучка, помогает зверюгам этим. Ничего, отольются тебе мои слёзы...

Арон Фитерсон:

Среди еврейских «оперативников» тоже люди были, не надо всех черной-краской мазать. Тот же Зяма Серебрянский, светлая ему память. Один из таких — Яша Вайнблат.

Военнопленный, чуть не помер в лагере на Широкой, удрал оттуда в гетто и попал в «оперативники». Вижу, парень вроде неплохой. Поговорил с ним по душам.

— Яша, судьба твоя незавидная. Ты ведь пособник немцев.

— А что делать? Я бы ушёл в отряд, но как?

Вскоре представился случай убедиться в честности Яшиных намерений, в его преданности.

На бирже труда имелась комната, где находился старший над сторожами Левин (по заданию подполья я устроился работать к нему). В соседней комнате — «оперативники». Я вошёл к ним. Яша меня увидел, мигнул: дескать, есть разговор. Мы вышли.

— На Шевченко, тридцать один, сборище, готовятся уйти в партизаны, — зашептал он. — Только что поступил донос.

Доверял, значит, мне. Бросился я по указанному адресу. Предупредил: сейчас начнут окружать дом, бегите. И точно, прибыли Готтенбах с собакой, полицаи и Эпштейн. В доме пусто, даже окурков нет — успела собрать их хозяйка-старушка. Никого не обнаружив, Готтенбах ударил её по лицу. Эпштейн увёл её с собой.

Потом Яша спас мастеровых, которых за саботаж и порчу материалов хотели расстрелять. Он назвал несколько фамилий, я успел их предупредить.

После гибели Серебрянского во главе охраны порядка стал некий Берковский. Дрянь порядочная, алчный, за деньги и золото вычёркивал фамилии подлежащих уничтожению. Гетто мелело, а немцы требовали рабочую силу Каждый уход в партизаны становился заметен. Поэтому Берковский лютовал вовсю.

Опять же через Яшу я смог договориться с несколькими «оперативниками», чтобы никого не выдавали. За это обещал им вывести в лес. Обещание постарался выполнить. Придя в отряд, я с согласия командира попросил проводника вернуться в гетто и забрать Яшу и некоторых других, в ком был уверен. Но Берковский что-то заподозрил. Эсэсовцы окружили дом, где Яшина группа дожидалась проводника. Берковский потребовал открыть дверь. Яша начал стрелять. Все, кто находились внутри, погибли.

Как в античной трагедии, в гетто присутствовало высокое и низкое, тёмное и светлое, героическое и низменное, ибо за проволокой жили люди, обыкновенные люди, поставленные в немыслимые условия существования. Тем более заслуживает самых высоких слов сделанное врачами…

Больница находилась на Обутковой улице и состояла из трёх отделений: инфекционного и, напротив него, через дорогу, терапевтического и хирургического. Руководил больницей доктор Кулик. Вокруг него сформировалось ядро врачей, с первых же месяцев активно помогавших подполью, а затем партизанам. В основном это были бывшие преподаватели мединститута, недавние выпускники вузов, студенты. Хорошо знали друг друга — кто чем дышит, на кого можно надеяться, а кого следует поостеречься. И соответственно подбирали коллектив, именно так, сколь ни странно звучит это близкое советскому человеку понятие в соотнесении с бытом и порядками, насаждавшимися фашистами в гетто.

Кулик предложил Дарье Вапнэ перейти из терапевтического отделе-

Лейб Кулик

ния в инфекционное. «Зачем?»—не поняла она.—«Так надо, Даша». Больше она вопросов не задавала. Точно так же, по совету Кулика, появлялись в больнице и другие люди и выполняли то, что от них требовалось. И даже больше.

Анна Карпилова:

Я начала работать стажёром в больнице в августе сорок первого. Почему стажёром? В июне я только-только закончила мединститут. В больнице были куда более знающие врачи, известные всему Минску.

Мы непременно хотели вырваться к своим за линию фронта или уйти в лес. Не помню ни одного, кто был бы настроен на сотрудничество с врагами.

Сбор медикаментов — первое задание, которое мы получили от подпольщиков. Часть лекарств припрятали в самом начале оккупации. Другой источник — аптека. Заведовал ею провизор Хаютин, помогавший нам. По заявкам мы выписывали гораздо больше лекарств, чем требовалось. Так создавался фонд, особую ценность которого мы осознали, когда начались массовые уходы в партизаны.

Передавали мы медикаменты разными способами. Например, таким. Иногда нас колонной водили в баню на Долгобродской улице. Я заранее приготавливала партию лекарств и перевязочного материала. В черте города ко мне незаметно пристраивалась связная Анна Серова, я передавала ей свёрток или сумку, и она выбиралась из колонны.

Однажды чуть не случилась беда. По дороге у меня неожиданно раскрылась сумка, посыпались пузырьки, флаконы, бинты. Идущая рядом Дора Альперович, не мешкая, упала на землю и стала запихивать лекарства за ворот платья. Увидела бы охрана — нам конец.

В гетто начался тиф. Если бы об эпидемии узнали немцы, они уничтожили бы не только больных, но и больницу — так панически боялись они всякой заразы. Ситуация отчаянная. С одной стороны, надо скрывать эпидемию, с другой — не дать ей широко распространиться.

Когда больные снимали с себя одежду со вшами, она ш е -
в е л и л а с ь.

Мы не спали сутками. Делали возможное и невозможное. Почти все врачи сами переболели сыпняком.

Дарья Вапнэ:

Перейдя по просьбе Кулика в инфекционное отделение (там ему особенно нужны были свои, преданные люди), я вскоре заболела тифом. Ставший впоследствии моим мужем Ефим, санитар в отделении — перед войной он закончил третий курс мединститута, — ухаживал за мной, подкармливал. Однажды принёс бутерброд с маслом. Где уж достал его... Я страшно удивилась и не смогла съесть, настолько нереальным, точно приснившимся, выглядел бутерброд в тех условиях. А у самой голодные отёки...

В гетто объявился гестаповец Рыббе — сущий бич, адское наказание. Немного выше среднего роста, гладкий, с животиком, белесый, водянистые глаза. Подчёркнуто невозмутимый, никогда не повышал голоса. Холодом могильным веяло от него. Ходил с плёткой, часто с овчаркой и любил во всё совать нос.

Вечером внезапно появляется в нашем отделении. Я дежурю. На койках все сыпнотифозные — новая волна эпидемии. Честно сказать, теряюсь, слова вымолвить не могу. Тут к нему медсестра Жито подбегает и говорит на немецком в смеси с идиш:

— Мой дорогой господин, — отвешивает низкий поклон, — это лёгочный больной, это тоже лёгочный и это лёгочный...

Гестаповец обводит нас ледяным взором и уходит.

Мария Кирзон:

Рыббе был утончённый изверг. Обожал спектакли, особого рода мистификации, обычно кончавшиеся гибелью «подопытных», а иногда изображал из себя чуть ли не гуманиста. Перед погромами он всегда бывал нежен.

К нам, врачам, тем не менее относился лучше, чем к остальным. То ли по каким-то внутренним, нам неведомым личным мотивам, то ли потому, что желал избежать массовых эпидемий на вверенном ему объекте. Однако жертвами в нескольких «акциях» оказались и врачи, не без участия Рыббе.

Как-то собрали группу врачей и под тем предлогом, что имеется новая работа, повели нас на биржу труда. Одна из нас, ослабевшая от голода, отстала. Рыббе стал пенять нам чуть ли не отечески-заботливым тоном:

— Ну что вы за люди! Почему не поможете своему коллеге?

«Гуманист», одно слово.

Привели нас на биржу и стали делить. Меня и ещё двенадцать человек — в основном пожилых и специалистов по детским, болезням — направо (Рыббе почему-то любил число тринадцать, в этом мы не раз убеждались). Нам, похоже, грозило уничтожение. И тут к нему подходит Эпштейн и говорит, указывая на меня, что я единственный в гетто специалист-венеролог. Рыббе понимающе кивает: «Гут». И меня отпускают.

С самого начала гетто больница превратилась в штаб-квартиру подпольщиков. Лучшее место сбора, чем котельная в инфекционном отделении, трудно было придумать. Если и в само отделение немцы заходили нечасто, то туда и подавно.

ЕФИМ ФЕЙГЕЛЬМАН:

Доктор Кулик хорошо знал меня до войны. Это, очевидно, сыграло главную роль в предложении, которое он сделал мне:

— Ефим, будешь кочегаром в котельной.

До меня там работали братья Бруднеры — трое настоящих кочегаров. Под каким-то предлогом Кулик перевёл их из котельной и поставил меня. Я понимаю — неспроста. Одному, однако, работать за троих тяжело. И тогда получаю в помощники Ефима Столяревича.

Я не знаю, кто он и что, только помощник из него никудышный. Я — к Кулику:

— Кого ты мне прислал?

А он мне:

— Фейгельман, так нужно.

Начинаю присматриваться. Заходят к нему какие-то люди, шушукаются. Меня вроде остерегаются. Обидно становится.

— Ты меня не бойся, — обращаюсь к Столяревичу.

— Знаю. Просто есть правила конспирации.

И становится наша котельная своего рода штабом. И минские подпольщики сюда приходят, и партизаны. Некоторые прячутся, пока в городе обыски и аресты идут.

Место и впрямь относительно безопасное. Я же его ещё более обезопасил: сделал подкоп к канализационным трубам и соорудил там «малину». На всякий случай. Не однажды выручала, особенно в марте-апреле сорок второго, когда Столяревича гестаповцы разыскивали по всему гетто. Конечно, лежать в сырости и вони удовольствие маленькое, зато жизнь сохранялась.

Дора Альперович:

Жизнь есть жизнь, она идёт. В котельной часто собирались врачи, медсёстры. Там можно было свободно говорить обо всём. Мы даже пели. Да-да, пели. Аня Карпилова, помню, исполняла «Кукарачу».

Мы подкармливали и прятали певца Горелика. Красивый был молодой человек: жгучий брюнет, волнистые волосы, тонкое интеллигентное лицо. И совсем одинокий, никого у него. Потому и тянулся к нам. Пел он еврейские и неаполитанские песни, арии из итальянских опер, сочинял мелодии и стихи. «Придёт тот день, когда порвутся цепи, все мы освободимся и будем жить по-прежнему».

После одного из «аппелей», на которых гестаповцы заставляли Горелика петь, он не вернулся. Вскоре узнали — его повесили.

Больница гетто являла собой приют для нуждающихся в особой помощи.

В январе сорок второго гитлеровцы гнали через Минск огромную колонну военнопленных. Часть из них тут же, на глазах у минчан, расстреляли. На протяжении нескольких километров валялись трупы. Пленные еле шли, а немцы приказывали: «Шнель, шнель!» — заставляли петь. Женщины бросали пленным картошку. Гитлеровцы в ответ стреляли.

Один раненый упал возле проволоки гетто на улице Опанского. Ему помогли проползти под проволокой, перенесли в больницу, записали евреем и поставили на ноги.

Нескольких тяжело раненных партизан, не имевших возможности вылечиться, привезли в гетто из леса и скрыли в больнице.

Конечно, долго так продолжаться не могло. В конце июля сорок второго дошла очередь и до больницы.

Дарья Вапнэ:

Нахожусь в инфекционной палате и вижу через окно: к терапевтическому отделению подкатывают машины. Высыпают гестаповцы, полицаи. Из дверей выходят врачи, показывают аусвайсы. Раньше пропуска спасали, теперь же... Загоняют врачей в машины и увозят. Затем — очередь больных.

Все до единого были уничтожены. Погибли замечательные люди: профессор Дворжец, Сироткина, многие, многие...

Анна Карпилова:

Когда мы увидели машины, тут же приготовили истории болезней, градусники, лекарства — думали, проверка, могут зайти и к нам, в инфекционное. Не зашли...

Терапевтическое и хирургическое отделения двадцать восьмого июля перестали существовать.

Довелось мне стать очевидцем гибели и нашего отделения. Произошло это в начале апреля сорок третьего. К тому времени сотни и сотни узников гетто уже сражались в партизанских отрядах. Немало было среди них и врачей. Но из инфекционного отделения мы не уходили. Кто, кроме нас, мог продолжать снабжать отряды медикаментами?

И вот однажды... Прихожу я на дежурство, издали вижу Рыббе с овчаркой. Прячусь в туалет и сквозь щель наблюдаю. Входит он в больницу, а минут через пять — назад. Жду, пока уйдёт подальше. Подходит подруга моя Маня Рубенчик и говорит встревоженно:

— Рыббе приходил. Сказал, что с медперсоналом ничего не случится. Можете, говорит, оставаться на своих местах.

Мы почувствовали: беда. Немедленно начинаем связывать бельевые верёвки, простыни, чтобы успеть спустить по ним больных с третьего этажа на задний двор, если здание окружат. Все, кто могут ходить, разбегаются. И тут же появляется Рыббе со своими помощниками. Часть больных мы всё же успеваем спустить на верёвках и простынях.

Нас изолируют в комнатке, где обычно кипятим шприцы, готовим лекарства. В помещении начинается бойня. Выстрелы, крики, стоны. Лежачих пристреливают прямо на койках. Стреляют и на улице.

...Долгое время после войны снилось гетто тем, кто пережил его, каждому своё. Дарью Вапнэ, например, преследовал такой сон: Рыббе стреляет в неё, а она плюёт ему в физиономию. Анна Карпилова во сне всегда пряталась, причём старалась укрыть только голову, чтобы н е в и д е т ь их.

ГЛАВА ВОСЬМАЯ

Мы здесь лежим, жёлты как воск,
Нам черви высосали мозг,
В плену могильной немоты
Землёй забиты наши рты.
Мы ждём ответа!

Л. Фейхтвангер
(Перевод Л Гинзбурга)

На обеде в имперской канцелярии Геббельс неожиданно начал рассказывать Гитлеру о настроении берлинцев. «Введение еврейской звезды дало результат, обратный тому, на который мы надеялись, мой фюрер! Мы хотели исключить евреев из нашего народного сообщества. Но люди не сторонятся их, напротив! Они проявляют повсюду симпатии к ним Этот народ просто ещё не созрел и всё ещё полон сентиментальности»

Из воспоминаний Шпеера

Напротив, народ, отравленный идеологией фашизма, с о - з р е л быстро, даже слишком быстро, и это по сей день составляет неразрешимую загадку, своего рода психологический феномен. Как в течение считанных лет удалось такое множество людей превратить в нелюдей?

Всех, однако, не перекроили. Были антифашисты, были те, кто отказывался участвовать в массовых убийствах, наконец те, кто просто сочувствовал и помогал жертвам.

Ареной доселе невиданного поединка становилась душа человеческая, изнемогавшая под бременем зла, насилия, страха и — вопреки всему — сохранявшая в каких-то своих не доступных ничьему вмешательству и проникновению недрах сострадание надежду, любовь.

Они были разные, люди, в чьих жилах пульсировала а р и й - с к а я кровь. Разные, несмотря на тщательно проращиваемые в них семена расовой ненависти. Немец далеко не всегда оказывался тождествен фашисту. Понимали это и в гетто.

Борис Хаймович:

Когда ты ежедневно подсыпаешь в масло наждачный порошок и немецкий автомобиль выходит из ворот мастерской, чтобы вскоре остановиться с расплавленными подшипниками, беду для себя ждёшь в любой момент, внутренне готов к ней.

Мы с Евсеем Шнитманом устроились ремонтировать машины на Комаровке. Как мы их чинили, понятно. К нам стал присматриваться начальник мастерской. Лет тридцати, блондин, голубоглазый, худощавый, с чистым лицом. Немец как немец. Ну, думаем, дело наше швах. И тут происходит такое, во что поверить никак не можем. Немец начинает нас подкармливать. Мы подвох чуем, хлеб его и суп поперёк горла встают. Однако идут дни, мы потихоньку продолжаем портить машины, а отношение немца к нам всё лучше и лучше. Почему он выделил именно нас из двух десятков рабочих? Ломаем головы, ответить не можем.

Вдруг он говорит: «Сегодня в гетто не возвращайтесь — будет облава на мужчин». Ведёт нас в недействующую душевую и прячет на ночь. Единственно — просит курить в рукав.

И так несколько раз. Вечером приносит еду в душевую; утром пораньше выпускает. И часы рабочие нам приписывает, чтобы хоть какая-то оплата выходила: евреям же платили половину заработанного по сравнению с неевреями.

Григорий Добин:

В мастерской, где я работал сапожником (вспомнил старую специальность), шили сапоги, латали обувь для полицаев. Бок о бок с нами находились портные. Нас хоть немного кормили, так что голод мучил меньше, чем других.

Я, мой помощник Заскин, бывший секретарь одного из райисполкомов вблизи Минска, и портной Гельман участвовали в работе подполья. Перед нами стояла задача узнавать всё, что происходит в полицейском батальоне, когда готовятся «акции».

Я передавал сведения Ефиму Столяревичу. В частности, смог предупредить его о готовящемся погроме второго марта сорок второго. А как быть нам самим? И вот здесь произошло неожиданное. Вахмистр заведующий мастерской, по национальности австриец, не пустил нас второго марта домой в гетто, оставил ночевать в мастерской. Благодаря этому мы уцелели.

Спасал нас, возможно, не из сочувствия или жалости, а потому, что ему нужны были рабочие руки. А может, жило в нём и какое-то человеческое чувство. Кто знает?..

Циля Ботвинник:

В мастерских, откуда я и Катя Цирлина таскали оружие, работал немец. Вилли-маленький его звали. Был ещё Вилли-большой. Так вот, у маленького мы сбомбили пистолет. В обеденный перерыв.

Вернулся он с обеда, видит — пистолета нет. Подзывает Катю и говорит ей тихо: «Этот пистолет дал мне починить русский полицейский. Если не вернуть, он поднимет крик». То есть замечал, как мы воруем оружие, и молчал, словечка не проронил.

А Вилли-большой засёк, как мы сыпали в мазь для прочистки стволов песок и всякую дрянь. Мог спокойно сдать нас в гестапо. А он как бы невзначай: «Вы некачественно прочистили стволы, придётся перечистить».

Рива Айзенштадт:

В здании прежнего Дома правительства размещались различные немецкие подразделения, в частности, железнодорожное. Нас, группу девушек, водили туда мыть полы. Командовал нами офицер Рудольф Ян, из Вены. Человека сразу видно, хороший или сволочь последняя. Ян оказался добрым. Останется на кухне суп — он нам его отдаёт. И «гамбургским» евреям помогал.

Ян обычно приходил за нами в гетто и вёл на работу. Если был бледен, мы понимали опять готовится погром. Он нас спасал. Однажды оставил ночевать в подвале, не пустил в гетто, где шли запланированные убийства.

Набралась я смелости и решила с ним поговорить в открытую.

— Мне нужна ваша помощь.

— Чем я могу тебе помочь?

— Достаньте пистолет и пишущую машинку.

И то и другое было необходимо нашей группе, уходившей в лес.

— О, это серьёзный вопрос. — Рудольф ничуть не удивился моей просьбе, лишь подчеркнул трудность её исполнения. И на всякий случай предупредил:

— Никого больше не проси об этом, особенно моего заместителя. Он фашист.

На следующий день Рудольф незаметно передал мне маленький свёрток. В нём был наган.

— Гей цу партизанен, — сказал он.

Какие же они были разные, люди, в ком текла а р и й с к а я кровь!

А вот история, рассказанная **Ефимом Столяревичем (Гиршем Смоляром)** в одном из послевоенных интервью.

Я прятался в больнице и решил подышать воздухом. Была ночь, поздняя ночь, я вышел из помещения и оказался на границе с немецкими евреями. Они жили в своём гетто, не смешиваясь с нашими. Я услышал шаги. Кто-то двигался, отпечатывая движение лёгким стуком сапог. Я спрятался, увидев немецкого офицера. Он остановился у двери одного из домов немецких евреев и негромко позвал: «Ганс, Ганс»… К двери вышел человек в ночной рубашке и пижаме. Они долго стояли и разговаривали. Я ничего не слышал. Позже, услышав шаги уходящего офицера, я в свою очередь позвал: «Ганс, иди сюда».. Он появился. Я спросил: «Кто это был?» — «Это майор. Он мой знакомый по Гамбургу. Мы жили рядом». — «Зачем он приходил?» — «Он принёс хлеб и консервы»: «Ганс, а завтра? Когда ему прикажут убить тебя, что будет тогда? Спасёт ли он тебя?» — Ганс после короткого раздумья: «Он наверняка ответит: „Приказ есть приказ"».

Никогда не упоминайте моего имени. Никто, никто ничего не знает, даже соседи! Я ничего не знала в те времена о лагерях. И моя мать, вплоть до своей смерти в 1967 году, никогда не думала, что евреи подвергаются экстернированию.

**Из беседы Гудрун Гиммлер,
старшей дочери главаря СС,
с английским журналистом**

Были в Дахау. Видели всё, что только можно там увидеть, даже рисунки заключённых Изумительно! Мы хорошо покушали и получили подарки. Всё было чудесно!

Из дневника Гудрун Гиммлер.
После войны жила с мужем и двумя детьми в Мюнхене.
Умерла в 2018 г.

А её папаша в конце августа сорок второго направляется в Минск, проинспектировать, понаблюдать, как это д е л а - е т с я . Сто человек расстреливают на его глазах.. Экая незадача: две молодые женщины и две девочки не убиты, а только ранены, пытаются выбраться из груды мёртвых тел. Гиммлер приходит в бешенство, обвиняет офицеров и солдат в том, что они плохо выполняют свои обязанности, говорит, что, если так будут уничтожать, великий рейх не успеет вовремя очистить мир от заражённых рас.

Содержание работы: коллекционирование черепов еврейско-большевистских комиссаров с целью научного исследования в имперском университете в Страсбурге.

Мы имеем почти полную коллекцию черепов всех рас и народов. Что касается еврейской расы, то мы имеем лишь очень немного экспонатов черепов, вследствие чего невозможно прийти к каким-либо определённым выводам в результате их исследования. Война на Востоке теперь даёт нам возможность восполнить этот пробел.

Лучшим практическим методом для получения и отбора этой коллекции черепов явится распоряжение вооружённым силам немедленно передавать живыми полевой полиции всех захваченных еврейско-большевистских комиссаров. В свою очередь, полевая полиция должна получить соответствующие директивы регулярно сообщать определённому учреждению о числе и месте заключения захваченных евреев и тщательно за ними следить до прибытия специального уполномоченного, которому будет поручен отбор материала. Он должен предварительно заснять их на плёнку, провести антропологические измерения и, насколько это возможно, установить происхождение, дату рождения заключённого и другие личные данные о нём.

После того как эти евреи будут умерщвлены причём надо следить за тем, чтобы голова не была повреждена, уполномоченный отделит голову от тела и пошлёт её в герметически закрытом жестяном ящике, специально сделанном для этой цели и наполненном консервирующей жидкостью, в назначенный для этого пункт.ю По прибытии ящика в лабораторию можно приступить к фотографированию, сравнениям и анатомическим исследованиям черепа, а также к исследованиям по установлению принадлежности к расе, патологических явлений, формы черепа, формы и объёма мозга и т.д. Основой для этого изучения послужат фотографии, измерения и другие данные о голове и, наконец, исследование самого черепа. Самым подходящим местом для хранения и исследования полученных таким образом коллекций черепов является новый имперский университет в Страсбурге в силу своего признания и стоящих перед ним задач

Из отчёта профессора Хирта, адъютанта Гиммлера

ГЛАВА ДЕВЯТАЯ

...«Слушает московское радио», «подозревается в связи с еврейкой И. Штейн».

Из личного дела гауптмана Вилли Шульца

Елизавета Гуткович:

...Он взглянул на неё, и словно молния высветила пространство, отделявшее гауптмана от высокой, прекрасно сложенной, с тяжёлыми каштановыми в рыжизну волосами юной еврейки. Офицер поздоровался с ней, улыбнулся, начал о чём-то оживлённо расспрашивать. Мы с недоумением и любопытством наблюдали за ними...

Ежедневно от биржи труда юденрата уходили в город рабочие колонны. Одна из них направлялась во двор здания прежнего Дома правительства. Там мы разгружали и укладывали дрова, торф, а потом на вагонетках подавали в котельную. Мы — это сто наших и столько же немецких евреек, их называли «гамбургскими», хотя евреи были собраны и доставлены в минское гетто со всей Германии. Выглядели «гамбургские» женщины несравненно лучше нас — покуда ещё свежие, упитанные, не говоря об одежде. Словом, никакого сравнения. Их только-только стали гонять на работу, а мы... мы уже д о х о д и л и.

Прежний Дом правительства как бы делился на отсеки располагались в них лётчики, железнодорожные войска и какое-то полевое армейское подразделение. Женская колонна работала в авиационной части. Инспектором над еврейской рабсилой назначили гауптмана интендантской службы Вилли Шульца. Лет ему на вид было сорок шесть — сорок семь, среднего роста, тонкогубый, бесцветные, как у большинства немцев, глаза. В общем, ничего приметного. Фашистом по духу я бы его не назвала, однако злобы, мстительности в нём хватало. По моей вине при разгрузке небольшой кусок торфа отлетел и попал в голенище сапога. Он «повоспитывал» меня рукояткой нагана.

Вечером второго марта сорок второго колонну не пустили обратно в гетто, загнали в Столпецкий переулок. Приехал гестаповец Готтенбах и начал отбор: мастеровых в одну сторону, остальных в другую. Мы уже знали: у мастеровых есть шанс уцелеть. Все должны были пройти через Готтенбаха с документами. В аусвайсе у меня — «чернорабочая-торфовоз», а в немецком паспорте — «портниха». Показываю оба документа. Зверюга Готтенбах читает, потом верещит как резаный: «Ну и что, что портниха!» — и с силой толкает меня в сторону мастеровых. Так я и не поняла, к чему он про портниху... Видимо, чернорабочие им тоже требовались.

Наутро иду к юденрату. Шульц новую женскую рабсилу набирает взамен убитых вчера: сто наших и сто «гамбургских». А зрительная память у него феноменальная. Тычет пальцем: «ты осталась», «ты осталась» — в живых, значит. Всего пятерых насчитал из наших.

Обходит «гамбургскую» группу. И вдруг замирает возле рыжеволосой девушки лет семнадцати-восемнадцати, глаз с неё не сводит, быстро спрашивает о чём-то, та отвечает, он ей улыбается. Такое ощущение, будто старые знакомые встретились.

Идём на работу. Шульц на каждую вагонетку ставит по пять «гамбургских», а нас — по трое. Вроде жалеет приехавших из его Германии. Улучив момент, заговариваю (немецкий немного знаю) с рыжеволосой красавицей (и впрямь хороша, загляденье), знакомлюсь. Ильза Штейн, из Франкфурта-на-Майне. В гетто с конца ноября. С нею здесь отец, мать, две сестры, старшая и младшая.

В обед Шульц даёт Ильзе котелок супа и полбуханки хлеба. А нам, как обычно, баланду.

Через несколько дней — новые чудеса. Бригадиром всей колонны назначают Ильзу Штейн, а меня — за что такая честь! — её помощницей. Обязанности наши простые: брать у Шульца талоны на обед, что даёт ему повод вызывать нас к себе. Он и пользуется этим, получив возможность общаться с Ильзой наедине. Да и я частенько в его конторке бываю.

— Скажи, Лиза, почему вас, евреев, убивают? — как-то спрашивает он меня.

Хотела я ему прямо в лоб: «Это вас, гитлеровцев, спросить надо», — да, честно признаться, побоялась. Ответила уклончиво:

— Откуда мне знать...

— Я участвовал в прошлой войне и ухаживал за еврейскими девушками. А теперь вынужден заставлять вас возить вагонетки.

Вон как заговорил. Начинаю смекать: виной тому — Ильза. Очень уж она Шульцу по сердцу пришлась. Уж не влюбился ли? А гауптман чем дальше, тем больше даёт поводов для таких мыслей. С Ильзой и со мной откровенничает, не боится. И вот однажды вызывает меня к себе в контору одну. Глаза по-человечески печальные.

— Скажи, как спасти Ильзу? Я люблю её. Если она уйдёт из гетто, то спасётся, а иначе вас всех уничтожат.

Я молчу. А он опять ко мне чуть ли не с мольбой:

— Что делать?

— Надо достать чистый немецкий паспорт, — даю совет.

Он загорается.

— Я достану два паспорта, ей и тебе.

Наутро приходит поникший.

— Ничего не вышло с паспортами.

Текут недели. 28 июля сорок второго начинается жуткий погром. Шульц узнает о нём и не пускает нас обратно в гетто. Всю колонну — двести женщин — запирает в слесарной мастерской на ночь. Рискует многим, и всё ради Ильзы. Чтобы сохранить ей жизнь.

Она рассказывает мне: Шульц приходит в гетто, помогает ей продуктами, а положение её тяжёлое, такое же, как у многих из нас: мать умерла от тифа, отец расстрелян.

Бегут месяц за месяцем.

Вилли Шульц и Ильза Штейн (архивное фото)

На территории Дома правительства в слесарной мастерской работает мой хороший довоенный знакомый Сергей Герин. По секрету сообщает: советские войска бьют фашистов под Сталинградом. Близится и наше освобождение. А Шульц опять ко мне подступает: как спасти Ильзу? Я возьми и выскажись открыто, без утайки, будь что будет:

— Нас Красная Армия спасёт. Под Сталинградом вам капут.

Он как взовьётся:

— Откуда ты знаешь?

— От людей слышала.

— Я не имею права слушать советское радио. Меня за это... Ты будешь слушать, — внезапно решает. — Я тебя назначу убирать комнату в котельной.

В котельной имелось помещение для немцев-дежурных. У них был приёмник. Шульц и в самом деле переводит меня туда уборщицей. А правдивая информация с фронта ему позарез нужна. От неё может зависеть и его дальнейшая судьба. Потихоньку в обеденный перерыв, когда никого нет, я слушаю Москву.

Недолго, правда, это удаётся. Ловит меня один из немцев, случайно зашедший в комнату.

— Я сдам тебя в гестапо, — грозит он.

Бегу к Шульцу. На него вся надежда. По дороге натыкаюсь на Герина. Рассказываю ему, что мне грозит. Про Шульца с Ильзой он узнал от меня раньше.

— Ночью к тебе домой придут подпольщики гетто, — неожиданно открывается Сергей. Начинаю понимать: он с ними связан. — А Шульцу скажи: так, мол, и так, меня засекли, мне грозит смерть, ухожу в партизаны. Одна ухожу.

Изложила всё Шульцу, тот перепугался¯

— Без тебя мне не спасти Ильзу. Дай подумать до утра.

А ночью ко мне действительно пришли двое. Один из них — Матвей Майзель.

— Надо использовать Шульца, достать с его помощью транспорт и уходить в лес, — советуют они и предлагают вариант операции.

Утром встречаюсь с гауптманом. На него жалко смотреть: синие полукружья под глазами, вид усталый, растерянный. Ночь он, судя по всему, не спал.

— Я тоже иду в партизаны, — объявляет он. Уговаривать его, таким образом, не приходится.

— Нам понадобится машина. Вывозить будем двадцать пять человек.

— Как? Я хочу только Ильзу и тебя.

— Двоих нельзя, герр гауптман.

Он молчит. Мучительно думает.

— Хорошо. А куда поедем?

— Станция Руденск, якобы грузить цемент. В путёвке должны быть указаны двенадцать женщин и тринадцать мужчин.

Шульц оформляет путёвку. В нашем распоряжении трехтонка. За рулём немец, который не в курсе событий. Ильза берёт с собой двух сестёр, я — пятерых близких людей (подпольщики предоставили мне такое право). С нами два шофера-еврея и группа с оружием. Плохо одно — нет проводника из партизанского отряда. Ждать нельзя, надо ехать, другая такая возможность не представится.

Тридцатого марта сорок третьего выезжаем из Минска на Могилёвское шоссе. Вскоре Шульц останавливает машину, залезает в кузов.

— Где ваш проводник?

— Нет проводника, — откровенно объясняем ему. — Есть три деревни: Русаковичи, Гореличи, Кобыличи, там должны быть партизаны.

Трудно описать перипетии дороги. Взорванные мосты, объезды... Водитель-немец начинает догадываться, куда мы едем и кого ищем, но выхода у него уже нет.

У деревни Русаковичи попадаем к партизанам. В хате Шульц форменным образом начинает сходить с ума, подхватывает Ильзу на руки, целует, обнимает:

— Я спас тебя, спас, золотая ты моя, жизнь моя! А к партизанам обращается на ломаном русском:

— Здравствуйте, товарищи!

Выучил заранее.

Я рассказываю партизанам, кто такие Шульц и Ильза и как мы оказались в лесу. Шульца отправляют в штаб 2-й Минской бригады, где он даёт подробные показания. Потом мы расстаёмся. Шульц и Ильза остаются в штабе, а я попадаю в один из отрядов бригады.

По слухам, некоторое время они пробыли в отряде Ваупшасова, а потом были отправлены в Москву Следы их затерялись.

Я считала, что Шульц и Ильза погибли. Столько лет прошло, и никаких известий. И вот 5 августа 1985 года звонит мне подруга Рая Гитлина, которая вместе с нами на той самой машине вырвалась к партизанам. «Лиза, срочно возьми сегодняшний номера „Вечернего Минска"!» Беру газету, читаю в разделе «Память сердца»: «Ильза Штейн в годы оккупации находилась в минском гетто. С помощью подпольщиков вместе с другими заключёнными была переброшена в партизанскую зону. Прошу своих спасителей сообщить о себе по адресу: Ростов-на-Дону...»

Бегу на почту, даю в Ростов телеграмму с указанием своего номера телефона. Звонок из Ростова. «Кто это?» — «Лиза». — «Какая Лиза? Гуткович? Ой, я умираю...»

Говорили, плакали, снова говорили и снова плакали. Так нашлась Ильза.

История эта получила известность в Белоруссии. Иосиф Герасимов положил её в основу повести «Побег», написанной в 1971 году. У художественной литературы свои законы, предоставляющие автору право вымысла. Писатель так распорядился судьбами героев: Ильза (в повести она Эльза) умерла через пятнадцать минут после родов; Шульц (Штольц), сломленный горем, пережил любимую на двое суток...

Что же произошло на самом деле после того, как самолёт доставил их в Москву? Этого, казалось, никто никогда не узнает. Но жизнь дописала свой эпилог — со слезами и радостью.

Я встретился с Ильзой Штейн в Москве, мы проговорили несколько часов. Вот наиболее важная часть разговора.

Ильза Штейн:

В Москве мы очутились в начале октября сорок третьего. Поселили нас на даче в Малаховке. Шульца вызывали на допросы. Меня тоже подробно расспрашивли о гетто, о том, как познакомились с Шульцем, об уходе в партизаны.

В один из дней за Шульцем приехали... Мне сказали: «Он будет заниматься антифашистской деятельностью в лагере для немецких военнопленных. Встретитесь после войны». Но встретиться нам было не суждено.

Я уехала в Биробиджан. Там работала швеёй на фабрике. Вышла замуж за офицера Советской Армии, вернувшегося с фронта. В пятьдесят третьем переехали в Ростов-на-Дону. Я уже прабабушка...

Честно сказать, вовсе не питала уверенности, что найду кого-нибудь из тех, кто помог мне и двум моим сёстрам оказаться у партизан. Нашлась Лиза Гуткович, и я сразу поехала в Минск. За час до прибытия поезда началась у меня истерика. Не могу взять себя в руки, рыдаю без конца…

С моими сёстрами произошло следующее. Старшая погибла в деревне при нападении гитлеровцев. Младшая, восьми лет, куда-то исчезла. Пробовала её искать — тщетно. По некоторым непроверенным данным, попала она в детский дом. В какой? Гуткович помогает мне, рассылает письма в различные организации, в газеты. Наконец удача. В архиве Пуховичского детского дома находится след: «Штейн Елизавета Ивановна поступила в Тальков-ский детский дом. Выбыла из детского дома в 1953 году в школу механизации сельского хозяйства».

Снова ищем. Приходит письмо из Пуховичей: «Я знала вашу сестру. Она работала вместе со мной в пекарне. Жила на квартире у Карчевской Анастасии Николаевны. Вот её адрес…»

Гуткович — мигом к Карчевской. А та, как видно, гостит у дочери. Где дочь живёт, никто из соседей не знает. Гуткович молодец, не теряется, находит сестру Карчевской. Та вспоминает: «Ваша Лиза вышла замуж и уехала в Астрахань. А сестра сейчас в Волковыске».

Вызываем Волковыск, ищем Карчевскую. Получаем от неё подтверждение про Астрахань. Она никак не может вспомнить фамилию мужа моей сестры. Дни бегут. Наконец Карчевскую осеняет Вспомнила, фамилия мужа Манжосов!

В Астрахань поехал мой муж Аркадий Семёнович. Я передала ему единственную святыню, пронесённую через все испытания, — семейные фотографии. Через горсправку он узнал адрес И вскоре я услышала голос сестры по телефону. Затем встреча в Ростове, через столько лет…

А что же произошло с Шульцем? Я задал этот естественный вопрос в конце разговора с Ильзой Штейн. Что-то мешало задавать его раньше, какая-то неловкость, недоговорённость, словно я прикасался к чему-то хрупкому, легкоранимому, наподобие крыльев бабочки, с которых неосторожно снимал пыльцу. Ведь гауптмана когда-то связывала с еврейкой из гетто настоящая любовь.

— По недавно полученным мною сведениям, он умер в лагере для военнопленных в Красногорске.

Ильза произносит слова медленно, как видно, они даются ей нелегко. Я молчу. Но мой самый последний вопрос безмолвно витает в воздухе, не почувствовать его невозможно. И Ильза после долгой, протяжной паузы произносит:

— Скорее всего, он не перенёс разлуку, — как бы подтверждая то, о чём я подумал в тот миг

Любила ли она его? Не беру на себя смелость утверждать это, не имею на то морального права. Не спрашиваю об этом Ильзу. Запрет, вето, табу Любовь палача к жертве и любовь жертвы к палачу — не одно и то же. Впрочем, бывает и по-другому. На эту тему снят известный фильм «Ночной портье». Хотя какой же Шульц палач? Интендант. Хозяйственник, как сказали бы сейчас. Но он носил форму, немногим отличавшуюся от гестаповской и эсэсовской, олицетворял собой все то, что в конце концов погубило еврейскую семью из Франкфурта-на-Майне, тысячи, миллионы других семей.

Впрочем, не будем домысливать. Сие есть тайна великая. Пусть в памяти сохранится история любви гауптмана Шульца — несколько светлых строк, вписанных в горестную историю минского гетто.

* * *

Работая над вторым изданием этой книги, я смог выяснить подробности биографий наших героев, прежде мне неизвестные.

Вилли Шульц был капитаном люфтваффе. После полученного ранения в боях на Западном фронте был направлен в Минск, где был назначен руководителем интендантской службы.

Узнав, что на 28 июля 1942 года в гетто намечена очередная массовая расправа над евреями, Шульц, чтобы спасти Ильзу и других, задержал их в Доме правительства на три дня. Начальство не оставило без внимания этот поступок офицера, в его личном деле появилась запись: «Подозревается в связи с еврейкой И. Штейн».

Затем появляется новая запись: «Тайно слушал Московское радио».

Шульца должны были перевести на службу в другое место, и, чтобы остаться с девушкой, он решил дезертировать, взяв её с собой. По совету Леи Гуткович, которая была связана с партизанским подпольем, Шульц решил уйти к партизанам, но планировал побег лишь для себя, Ильзы и Гуткович, поскольку она знала русский язык.

Партизанским подпольем решено было использовать Шульца для организации побега из гетто большой группы, и был разработан план, по которому Шульц должен был достать грузовик и выписать путёвку на 25 человек, которые в качестве «рабочих» едут на станцию Руденск грузить цемент.

30 марта 1943 года группе удалось совершить побег. В группу, помимо Шульца, вошло 25 человек из гетто: 12 женщин и 13 мужчин (в том числе Ильза, две её сестры 19 и 8 лет, Лея и её муж).

Выехав за территорию, машина поехала не к месту разгрузки вагонов, а в сторону леса. Когда шофёр, юный фельдфебель, заподозрил неладное и попытался бежать, но был застрелен. В условленном месте за рекой Птичь беглецы были встречены партизанами отряда им. Сталина (Вторая Минская партизанская бригада).

Шульц сообщил партизанам расположение немецких сил в районе Минска.

В сентябре 1943 года Вилли и Ильзу самолётом переправили за линию фронта. Они два месяца прожили вместе в Малаховке под Москвой на даче НКВД. Затем Шульц был направлен в Центральную школу антифашистов (спецлагерь НКВД № 27) в Красногорске; имеются сведения, что его готовили к подпольной деятельности. 31 декабря 1944 года он скончался от менингита и был похоронен на северной окраине спецлагеря № 27.

Ильза, которая ждала ребёнка, была направлена в Биробиджан. Она родила мальчика, который вскоре умер. В дальнейшем работала закройщицей на швейной фабрике, вышла замуж и в 1953 году переехала в Ростов-на-Дону, где родила дочь. Смогла найти Лею Гуткович и встретиться с ней.

В 1990 году вместе с дочерью побывала в Германии.

Умерла 20 апреля 1993 года.

Согласно одним источникам, Ильза говорила, что всю жизнь любила Шульца. Однако в статье внука Ильзы Штейн приведены воспоминания дочери Ильзы — Ларисы, по словам которой, Ильза ненавидела Шульца, а всё, что она делала, было исключительно ради спасения жизни — её и сестёр.

Как мне стало известно, после публикации главы «Любовь в гетто» в московском журнале «Новое время» история эта стала известна в Германии. Там был снят документальный фильм «Еврейка и капитан» реж. Ульф фон Мехов. Будучи в эмиграции, я узнал об этом факте с большим опозданием. Со мной создатели фильма не связывались.

В 2012 году на немецком языке вышла книга Йоханнеса Винтёра «Потерянная любовь Ильзы Штейн. Депортация, гетто и спасение».

P. S. По некоторым данным, у Вилли Шульца в Германии была семья, жена и двое детей. Об их судьбе я ничего не знаю.

ГЛАВА ДЕСЯТАЯ

Другие встретят солнце
И будут петь и пить
И, может быть, не вспомнят,
Как нам хотелось жить.

И Эренбург

Политика, которая миролюбива в своей
основе, действует намного более ущербно,
чем политика, которая признаёт войну
в качестве единственного оружия.

Гитлер

Анна Мачиз:

В самом конце сорок второго в минское гетто прибыли 53 еврея из Слуцка. Их привезли как «специалистов». Они рассказывали о постепенной ликвидации гетто в Слуцке и часто упоминали Рыббе — офицера гестапо, отличавшегося особой жестокостью.

А в начале января в гетто появились две незнакомые фигуры. На их одежде были отличительные знаки гестапо. Проходя по улице днём, они остановили женщину, обыскали её, забрали найденные восемь марок и пошли дальше. Навстречу им попалась ещё одна женщина с четырехлетним ребёнком. Они остановили её и спросили, почему она не на работе. Та предъявила справку об освобождении. Тогда эти двое накинулись на неё, избили, потащили на кладбище и там расстреляли. Возвращаясь, встретили подростка лет пятнадцати с двумя поленьями. «Откуда дрова?» — «На работе шеф дал». И его потащили на кладбище.

Зверствовали двое гестаповцев до вечера. Вернувшиеся с рабочими колоннами слуцкие евреи опознали их. «Это Рыббе со своим переводчиком Михельсоном. Они начинают ликвидацию гетто».

Это было ещё хуже массового погрома. Рыббе со своей сворой без устали носился по гетто, вламывался в дома. Нашли немецкую булочку — расстрел. Кусочек масла для больного ребёнка — расстрел. Географическую карту или советскую книжку для чтения — расстрел.

Именно Рыббе пришла в голову идея «карнавала». Возможно, она посетила его при осмотре колонн немецких евреев, весьма отличавшихся от местных. Нас выжали основательно, а те ещё не потеряли человеческого облика.

Рыббе прошёл вдоль колонн, возвращавшихся в гетто, и лично отобрал двенадцать самых красивых девушек, прибывших из Германии. К ним добавил минчанку Лину Ной. Приказал Эпштейну собрать их завтра в десять часов у биржи труда и иметь там столько же еврейских «оперативников», помоложе и посимпатичнее.

В назначенный час он подъехал к бирже и приказал каждому молодому «оперативнику» взять под руку девушку и медленным шагом, чинно, степенно пройти от биржи по Сухой улице. Кто-то простонал, понял — на кладбище.

И двинулись пары, одна за одной, словно на карнавал. Рыббе следил, чтобы не спешили и соблюдали интервал.

У ворот кладбища одна из девушек попросила разрешения попрощаться с мужем. Рыббе дал согласие и мигнул Эпштейну Тот послал за мужем.

Пришли на кладбище, остановились. Гестаповец приказал «оперативникам» раздеть девушек догола. Некоторые плакали, одна крикнула «Я хочу жить!»

— Кавалеры, приглашайте дам на вальс, смелее, смелее... Обнимите их за талию, нежно и робко, начинайте!

«Оперативники» повели девушек в танце. Рыббе напевал мелодию из «Венского леса», дирижируя правой рукой, в которой держал пистолет «Оперативники» подхватили мотив, и пары закружились.

Идиллию нарушил Эпштейн — доставил мужа девушки, желавшей с ним попрощаться. Вальс прекратился. Рыббе дал им возможность обняться, поцеловать друг друга и тут же приказал расстрелять мужа. Плач усилился.

Рыббе построил красавиц отдельно, вынул пистолет и методично их расстрелял. Достреливать помогал Михельсон.

Уходя с кладбища Рыббе поднял чей-то лифчик. Повертел его и положил в карман.

— На память от красивой еврейки, — улыбнувшись, бросил он на ходу оторопевшему Эпштейну.

В документах, которыми я пользовался, работая над книгой, Рыббе упоминается крайне редко. Зато бывшие узники гетто помнят его прекрасно. Сколько бы лет ни минуло, до последних дней не изгладится из их израненной, незалеченной памяти образ гестаповца, который становился нежным перед очередным погромом, устраивал «карнавалы» и тому подобное, неистощимого выдумщика и фантазёра по части пролития крови.

Ушёл ли он от возмездия? Никаких свидетельств об этом не имеется.

Аркадий Зеликман:

Чем можно поразить взрослого мужчину, находящегося в концлагере на Широкой? С издевательствами, унижениями, побоями соприкасается он ежедневно, испытывает их, как говорится, на собственной шкуре. О голоде и говорить нечего.

Чем можно поразить мужчину, видевшего всё: расстрелы, виселицы, кремационную печь в Тростенце, поля, на которых росли помидоры размером с голову ребёнка и с полутораметровой ботвой (они удобрялись человеческим пеплом), тюрьму СД, тяжело вздыхающую землю, в которую закапывали живьём... Ничем нельзя поразить. И всё же...

Меня под конвоем неоднократно водили из лагеря на работу в гетто.

Седьмого ноября сорок первого там погибла моя семья. Маленькие дети спрятались в кухонном шкафчике, могли бы пересидеть погром, но, увидев, как забирают их мать, сами вышли и разделили участь взрослых. Так что можете себе представить, в каком состоянии всякий раз входил я в гетто.

Особенно запомнилось лето сорок третьего. Полубезумные старухи, заморённые оборванные старики, побирушки дети. При виде их во мне закипали сухие горькие слёзы, но я не мог плакать, от этого становилось ещё более невыносимо. Во что фашисты превратили мой народ!..

Ад лагеря на Широкой раньше не мог присниться и в кошмарных снах. Однако в лагере находились мужчины, военнопленные, готовые к испытаниям, могущие бороться. А здесь в гетто, — беспомощные старики, старухи, дети. Видеть это не было сил.

Рыббе постепенно ликвидировал гетто. Методично, пунктуально, со знанием дела. С июня сорок третьего начинаются изъятия рабочих колонн. На радиозаводе собирают семьдесят женщин. Пятьдесят из них отправляют в гестапо. Рыббе строит их на дворе и объявляет: «Вас погрузят в машину и повезут за город на работы, где хорошо накормят». Подъезжает машина, женщины видят «душегубку». Повинуясь инстинкту, разбегаются кто куда. Но от гестапо не убежишь. Всех расстреливают, одной только Лиле Копелович удаётся спрятаться.

Ликвидируют в спешном порядке остатки «гамбургских» евреев. Рисуют им радужную перспективу возвращения домой, в Германию. Те собирают пожитки, далее та же «душегубка».

Выход один — бегство в леса, где действуют десятки партизанских отрядов. Бегут все, кто ещё может держаться на ногах, стар и млад. С проводниками и без проводников. Бегут куда глаза глядят — только бы вырваться за проволоку.

Групповой снимок: двое в штатском, остальные в кителях, у всех на груди медали, ордена. Губы чуть растянуты в сдерживаемой улыбке: снимок делался, очевидно, в самом конце войны, и как ни хотелось позирующим оставаться сугубо серьёзными сообразно своему положению, губы невольно выдают радость. Комиссар отряда имени Лазо, комиссар 208-го отряда, комиссар отряда имени 25-летия БССР, командир диверсионной группы отряда имени Будённого, комиссар 106-го отряда... Люди, чьи имена читатели книги наверняка запомнили: Все они — выходцы из минского гетто.

Сидят (слева направо): Борис Хаймович, Шолом Зорин, Гирш Смоляр. *Стоят (слева направо)*: Нахум Фельдман, Владимир Кравчинский, Хаим Фельгельман

На фотографию я наткнулся, знакомясь с многостраничным изданием, повествующим о концлагерях и гетто времён войны. Материала за годы гитлеризма накопилось изрядно, оттого издание такое пухлое. А увидело оно свет на немецкой земле. Не обойдено вниманием и минское гетто — одно из самых больших на территории Европы.

Во многих отрядах сражались его узники, превратившиеся в мстителей. По крайней мере семь отрядов было создано при прямом участии подпольщиков гетто. 106-й был сплошь еврейским. Подобный отряд под командованием Бельского действовал и в Западной Белоруссии. Он был намного крупнее 106-го, насчитывал более тысячи человек. Минские евреи, за малым исключением, в него не входили — он объединил беженцев из местечек, белорусских и польских, решивших избегнуть уготованной им участи. Они жертвовали жизнью, но погибали свободными.

Тяжелее всех пришлось тем, кто ушёл из минского гетто в леса в числе первых.

Григорий Добин:

Я уходил в марте сорок второго, в группе Матвея Пруслина. Двое суток по лесам, страшные холода, обморожения, гибель Пруслина. Это нельзя забыть…

Соединились с партизанами: их шестеро, нас, евреев, семнадцать. И всё равно это уже отряд. Номер его 406.

Оружия мало. Есть топоры, лопаты, но мы ничего не строим. Ночью разводим костры, греемся, спим у огня. У кого тлеют подошвы сапог, у кого края полушубка.

Каждый день к нам присоединяются люди, в основном бывшие военные. Отряд растёт, нас уже около сорока.

Кормимся тем, что добываем в деревнях. Однажды напали на полицейский участок. Покончили с изменниками, взяли кое-какую еду, увели с собой живой «трофей» — жеребца. Еда кончилась, съели конину за милую душу.

Сливаемся с отрядом «Мститель» под командованием Василия Воронянского. Разумное решение: 406-й ещё не настолько силён и вооружён, чтобы по-настоящему бить врага. У Воронянского тоже есть выходцы из гетто. Мы воюем бок о бок, помогая друг другу.

Начинаются серьёзные боевые операции на территории Логойского и Плещеницкого районов. Я оказываюсь в третьей роте под началом Яши Цитвера. В других ротах — Абрам Туник, Хаим Александрович, многие другие подпольщики, с кем я познакомился в гетто.

Помню, получают партизаны задание — уничтожить вражеский гарнизон в местечке Мядель. Существует гетто и там. Так что мы будем освобождать своих братьев и сестёр. Хаим Александрович — пулемётчик, для него пулемёт словно живое существо — настолько нежно и бережно он с ним обращается.

Штурм гарнизона длится несколько часов. Погибают пятеро наших. Но и гитлеровцам не поздоровилось. Пулемёт Александровича делает своё дело отменно.

Можете себе представить, как встречают своих избавителей узники мядельского гетто! Молодые, физически крепкие вступают в отряд. Женщин, стариков и детей отводим в глухой лес. А бойцы наши в эти минуты мысленно с теми, кого уже никто никогда не выведет из гетто. Из минского гетто. С близкими, уничтоженными в «акциях», умершими от голода и тифа. Радость и горечь идут рука об руку...

Александрович был командиром отделения, секретарём парторганизации и помощником комиссара бригады «Народные мстители», которой в январе сорок четвёртого присвоили имя погибшего Воронянского. Вместе с ним я редактировал (пригодились литературные навыки) партизанский литературный журнал, сатирическое издание «Книжка-малютка». Вернее, называлось оно так: «Книжка-малышка— фашистам крышка». Острое словцо, карикатура, шутка весьма ценились у партизан.

Вёл я в лесу и короткие дневниковые записи. Вот одна из них, датированная пятым октября сорок третьего. «Несколько дней тому назад из нашего отряда ушли к железной дороге восемь человек из диверсионной группы. Среди них — Туник. Вчера его привезли раненого. Группа нарвалась на засаду, двоих убили, а Туник каким-то чудом остался жив.

Немцы думали, что он мёртвый, забрали у него винтовку и бросили. Он очнулся, прополз три-четыре километра, его нашли деревенские мужики и спрятали. На подводе его привезли в отряд. Будет ли Туник жив, я не знаю. Пуля попала ему в левую лопатку и вышла наружу, вырвав часть щеки. Трудно понять, что он говорит...»

Абрам Туник, подпольщик, хранитель одного из первых в гетто радиоприёмников, храбрый партизан, выжил. Я встречался с ним в Минске, записал его воспоминания. Он действительно говорил с трудом. На всю жизнь осталась на его лице метина от вражеской пули.

Спустя двадцать дней после прихода в отряд (начался январь сорок второго) пулемётному взводу Бориса Хаймовича выпало сидеть в засаде и дожидаться гитлеровцев. Взвод целиком состоял из вчерашних узников гетто. Подпустив карателей как можно ближе, взвод открыл огонь. Гитлеровцы потеряли около тридцати человек убитыми и ранеными. Перестроившись, они вновь пошли в наступление. Взвод соединился с другой группой партизан, и вместе они остановили вражеское продвижение.

В канун Первомая поступил приказ из Белорусского штаба партизанского движения—уничтожить гарнизон в одном из сёл. Роте, в составе которой шёл в бой Хаймович, отводилась роль главной ударной силы.

Евсей Шнитман бил по вражеской амбразуре, с помощью товарищей заставил дот умолкнуть навсегда. Партизаны уничтожали карателей в помещениях, не давая возможности вырваться наружу.

В одном из боёв Хаймовича тяжело ранило. В бессознательном состоянии его доставили в лагерь. Оперировал его Гриша Гордон. Санитар в больнице гетто, он доставлял медикаменты для отправки в лес. Потом научился держать винтовку. Однако оперировать не умел: за спиной всего три курса мединститута. Тем не менее именно Гриша взялся за скальпель— больше некому. А через два месяца поправившийся Хаймович вновь повёл за собой бойцов.

…Израилю Лапидусу и его бойцам удалось уничтожить в одном бою более семидесяти карателей. Командир отряда имени Кутузова перекрыл шоссе из Пуховичей в одно из сел. Разведка донесла, по дороге должны проехать гитлеровцы, они готовят расправу над белорусскими крестьянами, помогающими партизанам.

Десять грузовиков мчались по тракту. По команде Лапидуса по ним был открыт огонь. Каратели попрыгали на землю. Начался бой, перешедший в рукопашную. Боль и гнев давали партизанам дополнительные силы: каждый из них потерял в гетто близких.

К Лапидусу стекались десятки русских, белорусов. Отряд стал интернациональным. А самого Лапидуса избрали членом Минского сельского подпольного райкома партии, действующего в партизанской зоне.

Комиссар отряда имени Будённого Наум Фельдман. Под его началом оказалось немало подростков. Он вывел их в лес, дал им возможность показать себя. А ребята боевые! Именно они в августе сорок первого совершили поход из Минска под Смоленск, пытаясь пересечь линию фронта и попасть в части Красной Армии. Бои шли настолько жестокие, что тогда ребятам это не удалось и они вынуждены были вернуться в гетто.

Фимка Прессман, по прозвищу «Чуланчик», Абраша Каплан, Зяма Митель составили ядро диверсионной группы. А командиром её назначили коммуниста Кравчинского. Того самого, который июльской ночью сорок первого сумел переплыть Свислочь и убежать из концлагеря на Широкой, который исходил весь Узденский район в поисках красноармейцев. Помогал еврейской четвёрке Юзик Зибель, белорус.

Ребята обладали не только смелостью, но и хитростью, смекалкой — чрезвычайно ценными качествами в условиях партизанской войны. «Пятёрка» Кравчинского часто выходила на железную дорогу. Несколько вражеских эшелонов было уничтожено её стараниями.

Войны без жертв не бывает. Гибнет Абраша, тяжело ранят в бою его друга Зяму. Свидетели боя рассказывают: боясь попасть в плен, он выпустил последнюю пулю в себя.

Вилик Рубежин. Связной подполья, он вместе с «тётей Броней» — Брониславой Загало — выводил людей в леса. В январе сорок третьего началась его партизанская жизнь. В отряде его, тринадцатилетнего, опекали как родного сына. А он хотел быть настоящим партизаном. Он и был им: ездил на лошади, имел наган, карабин, участвовал во взрывах эшелонов.

Как связной он ценился исключительно высоко. Однажды смог пробиться к 106-му отряду, передал важные сведения. Командир Ш. Зорин принял Вилика как важную персону, закатил в его честь «пир» — с картошкой, молоком и даже куском жареного мяса.

Владимир Рубежин:

Не раз, конечно, мог погибнуть, но страха, поверьте, не было. Гетто вытравило. Вспоминаю, как однажды летом отправились на разведку. Верхом. Слева и справа — болота. По грунтовой дороге подъехали к мостику. Все брёвна лежали как им положено, а одно почему-то поперёк. Я ехал третьим. Двое первых слезли и подошли к мостику поправить бревно. Едва дотронулись — взрыв... На их месте вполне мог быть я.

В мае сорок четвёртого всех подростков отправили из отрядов на Большую землю. В том числе и меня. Не хотелось уезжать, однако приказ есть приказ. В Новобелице под Гомелем, где располагался Белорусский штаб партизанского движения, выписали мне продаттестат и направление в детский дом в Среднюю Азию. Родителей-то своих я потерял в самом начале войны, считался сиротой.

На базаре в Новобелице подходит ко мне человек.

— Ты Вилик Рубежин?

— Да.

— А я знакомый твоего отца.

Тут и я узнал его. Он рассказал, что семья моя жива, находится в городе Чкалове. Вот ведь как бывает. Многое на случае держится.

Тринадцать боевых наград у Вилика (Владимира Семёновича) Рубежина.

Циля Ботвинник:

Партизанские будни мои начались с того, что у меня хотели забрать винтовку. Ту самую, которую я по частям с величайшим риском вынесла из оружейной мастерской, с которой покинула гетто. «Зачем тебе, женщине, винтовка?» — говорили в 106-м отряде. Их можно понять: оружия не хватает.

Но не на таковскую напали. Не отдаю я винтовку. Пробуют обезоружить. Предупредительный выстрел вверх: не суйтесь. Потом всё-таки забрали. Да ещё под арест посадили — не подчинилась приказу командира. Феликс Липский потихоньку таскал мне еду.

Пришли Наум Фельдман, Кравчинский и забрали меня к себе в отряд.

Попала я в одну из пяти подрывных групп. Нелёгкие марши по тридцать — сорок километров в разные районы, где проходила железная дорога. Я участвовала в уничтожении пяти вражеских эшелонов.

Всякое бывало. Осенью сорок третьего две группы подрывников остановились на. ночлег в деревне неподалёку от Минска. Выставили караул. Подошла моя очередь. Оглядываю окрестности: речка, кусты, ничего подозрительного. Но что-то беспокоит. Такое ощущение, будто кусты на меня ползут. Начинаю нарочно пританцовывать на месте, клацать зубами: «Ой, холодно, холодно». А сама незаметно в окошко стучу.

Подняли бойцов по тревоге. Кусты оказались декорацией, скрывавшей немцев и полицаев. Предатель навёл на нас. Уложили их всех...

Пётр Мартысюк,
бывший комиссар 200-й бригады имени Рокоссовского:

Не все женщины участвовали в диверсиях, не все совершили такое, что вошло в легенды, но любая партизанская и подпольная деятельность их становилась подвигом. Особенно благодарны мы, партизаны, нашим подругам в белых халатах, медсёстрам, в том числе врачу — комсомолке из отряда имени Чкалова Анне Хацкелевне Карпиловой.

Анна Карпилова до ухода в отряд активно действовала в подполье в Минске. Работая в больнице гетто, она передавала в партизанские отряды медикаменты, перевязочные материалы. 21 сентября 1943 года Анна Карпилова с помощью Анастасии Веремейчик ушла в отряд имени Чкалова.

На следующий день я пригласил Аню на беседу, но, наверное, рановато сделал это: она ещё не могла прийти в себя от счастья, от непривычного ощущения свободы, от сознания, что можно не оглядываться, не таиться, не ждать неминуемой, как она считала, смерти. То смеялась, то вдруг захлёбывалась слезами. Всё же рассказала о пережитых ею ужасах.

— Знаете, товарищ комиссар, я должна признаться, что взносы комсомольские с июля сорок первого не уплачены, — сказала вдруг виновато, потупившись, словно в этом была её вина.

— А билет-то ваш где? — удивился я.

— С собой. Под стелькой в туфле хранила. Ночью сегодня достала. Помялся очень...

Я внимательно смотрел в её большие тёмные глаза, до слёз растроганный не столько удивительным мужеством комсомолки, сколько тем, что ничего особенного в своём поведении она не видела. Два года носить при себе комсомольский билет, сотни раз рискуя быть обысканной фашистами! Более того, совершенно искренне переживать из-за того, что билет измялся, что взносы не уплачены...

Да, партизанские отряды становились, по сути, единственным прибежищем узников гетто. Но мы погрешим против правды, если не упомянем такой скорбный факт: не все беглецы находили приют у партизан. Многих в отряды не принимали, а некоторых даже расстреливали. Об этом мне с болью говорили десятки людей. И приводили свои доводы, объяснения, полностью совпадавшие: на сей счёт имелась специальная радиограмма П. К. Пономаренко, тогдашнего первого секретаря ЦК КП(б) Белоруссии, разосланная командирам партизанских формирований.

Познакомившись с различными материалами, в том числе архивными, со всей ответственностью могу сказать: да, это было. Хотя, оговорюсь, призывов не брать или уничтожать именно евреев в упоминаемой радиограмме не содержалось. Однако сам дух её, направленность, тональность рекомендовали партизанским вожакам поступать строго определённым образом, и не только в отношении беженцев из гетто, а в первую очередь в отношении тех, кто уходил в леса из оккупированного Минска, будучи связанным с городским подпольем.

Какие же причины вызвали к жизни эту печальной памяти радиограмму?

…На кладбище городского посёлка Заславль стоит обелиск, на котором высечены имена советских разведчиков, трагически погибших 1–3 января 1943 года. Восемь фамилий. Четверо из этих людей были направлены в оккупированный Минск Главным разведывательным управлением Красной Армии, остальные — минчане, которые им помогали. Все они трагически погибли на территории партизанской зоны недалеко от белорусской столицы. Погибли от рук партизан.

«Трагическая судьба группы советских разведчиков тесно связана с очень сложными, противоречивыми историческими и морально-политическими условиями того времени, — пишут в газете „Минская правда“ ветераны войны историки А. Залесский и К. Доморад. И продолжают: — В марте и сентябре-октябре 1942 года гитлеровцам при помощи своих провокаторов удалось дважды арестовать состав Минского подпольного горкома партии и добиться временного, до августа 1943 года, прекращения его деятельности. Но основной удар по минскому коммунистическому подполью заключался в том, что фашистские спецслужбы по специально разработанному плану распространили в Минске и в соседних с ним партизанских зонах провокационную инсинуацию, будто бы руководители минского партийного подполья были двойниками и тайно сотрудничали с оккупационными войсками.

По каналам связи, которые действовали между подпольными партийными органами, партизанским командованием и Центром в Москве, фашистская провокация дошла до ЦК КП(б) Белоруссии и сделала своё зловещее дело. Там эта страшная дезинформация была воспринята как правдивый реальный факт».

Не будем пускаться в спор с авторами по поводу отдельных оценок. Не так уж и важно, был ли у немцев на самом деле «специально разработанный план» по распространению «провокационной инсинуации». Гораздо важнее другое: события в Минске моментально получили соответствующее толкование в Москве, в руководстве ЦК КП(б) Белоруссии и лично у Пономаренко. В обстановке всеобщей подозрительности того периода, беспощадной борьбы со шпионами, реальными и мнимыми, ничего странного в этом не было. К тому же минское партийное подполье создавалось без участия Москвы, можно сказать, стихийно, по инициативе группы белорусских коммунистов, оказавшихся на оккупированной территории. Имеются неопровержимые доказательства этого. Естественно, сам факт существования такой организации вызывал весьма насторожённое отношение центра. А тут ещё провал за провалом… В такой ситуации ничего не стоило убедить Пономаренко в том, что минские подпольщики — немецкие агенты. Для этого и не требовался «специально разработанный план».

В начале ноября 1942 года П. К. Пономаренко, одновременно возглавлявший Центральный штаб партизанского движения, послал радиограмму подпольным партийным органам и командирам партизанских формирований. В ней говорилось следующее:

«Немецкой разведкой в Минске организован подставной центр партизанского движения с целью: выявления партизанских отрядов, засылки в них от имени этого центра предателей, провокационных директив и ликвидации партизанских отрядов.

Этот центр партизанскими отрядами Минской зоны вскрыт. Имеются сведения, что с этой же целью немецкой разведкой создан другой центр, который также рассылает директивы и людей и делает попытки связаться с партизанскими отрядами.

Для того чтобы не допустить проникновения в отряды вражеской агентуры, партизанским отрядам с представителями каких бы там ни было организаций Минска в связь не вступать и сведений о дислокации, количественном составе, вооружении и деятельности отрядов не давать. Представителей центра, которые появляются в отрядах, проверять, тех, кто вызывает подозрение, задерживать».

Затем П. К. Пономаренко направил письмо в НКВД СССР, в котором сообщал, что Минский подпольный горком партии был создан без ведома ЦК КП(б) Белоруссии и ЦК не имеет к его созданию никакого отношения. Пантелеймон Кондратьевич страховался…

Таково было положение дел в конце 1942 — начале 1943 года в партизанской зоне. Стоит ли удивляться, что упомянутых нами разведчиков во главе с Сергеем Вишневским, пришедших в леса из Минска, уничтожил командир самостоятельного партизанского отряда «Штурм» Б. Лунин? Спустя год Лунин стал Героем Советского Союза. В 1957 году он был арестован. Военный трибунал приговорил его вместе с подручным И. Беликом к семи годам лишения свободы. Оба были лишены всех правительственных наград.

Стоит ли удивляться, что многие подпольщики в тот период нашли свою гибель не от гитлеровских карателей? Стоит ли удивляться, что не все беженцы из гетто смогли оказаться в партизанских отрядах и с оружием в руках мстить врагу?

▨ ЕФИМ ФЕЙГЕЛЬМАН:

В апреле сорок третьего из отряда имени Будённого, входившего в состав бригады имени Сталина, был выделен кавалерийский взвод для сбора разрозненных групп населения, скрывавшихся в лесах от оккупантов. Так началась биография 106-го отряда.

Первое время находился он возле деревни Скирманово. В первых числах июня перебазировался в Налибокскую пущу, расположился близ деревни Клетище Ивенецкого района. Были выделены проводники для вывода из гетто оставшихся людей. В основном мальчишки и девчонки: Миша Столяр, Маша Васкович и их друзья.

Когда я пришёл в отряд, в нём насчитывалось шестьдесят человек. Вначале меня назначили командиром взвода, потом роты, с июля — комиссаром отряда. 106-й рос, как говорится, не по дням, а по часам. Уже в июле нас было около трехсот, затем отряд увеличился почти до семисот человек.

Мы собирали по лесам детей-сирот. Немало их бродило, обездоленных, потерявших всё, что только можно было потерять в войну.

Произошёл раздел отряда на боевой и семейный. Боевой насчитывал 137 человек. Немалая сила. Он охранял стариков, женщин, детей, участвовал в операциях: перехватывал немецкие обозы, уничтожал полицейские участки. Вместе с другими отрядами 106-й разоружил и пленил несколько сот белопольских легионеров, перешедших на сторону фашистов. Подрывная группа выходила на железную дорогу Столбцы — Минск, спустила под откос четыре эшелона с вражескими солдатами и техникой.

Конечно, несли мы и потери. Одиннадцать партизан однажды попали в засаду. Каратели хотели взять их живыми. Евреи предпочли смерть плену и вступили в неравный бой. Погибли девять человек. Двое тяжелораненых, очнувшись на вторые сутки, смогли доползти до деревни Теребейня, где базировался боевой отряд. Подлечившись, вновь взяли в руки оружие.

Отряд обеспечивал себя всем необходимым. С едой, конечно, было плохо. Белорусские деревни вокруг в большинстве своём были сожжены, крестьяне ушли в пущу. Мы иногда находили в ямах картошку. Собирали созревший урожай на полях возле пепелищ. Есть зерно, а как его молоть? Соорудили нечто вроде мельницы. Мельничный круг вращался с помощью лошади.

Женщины и старики несли на себе основные хозяйственные заботы. Появились у нас мастерские: портняжная, сапожная, оружейная, пекарня. В госпитале работали врачи из гетто.

Зимой жили в землянках, вырытых в сохранившихся траншеях первой мировой войны, летом в шалашах. Конечно, не до комфорта было. Внезапно началась чесотка. Думали-гадали, чем лечить, и надумали. Взяли железную бочку, внутрь положили берёзовую кору, много коры. Разожгли под бочкой костёр, предварительно сделав в ней боковые отверстия. Оттуда потекла густая тёмная древесная смола — дёготь. Им и мазали людей. И побороли чесотку.

Имелось у нас и стадо коров, голов пятьдесят — шестьдесят. Большое подспорье, особенно если учесть, что из гетто к нам попадали сплошь страдающие дистрофией. Помню смешной случай. Пятилетний Феликс Липский подлез под корову и начал её доить. Молоко стекало ему в рот. Увидавшие это женщины испугались, что корова затопчет его. Но та стояла спокойно. Я распорядился давать Феликсу ежедневно стакан молока как больным и раненым.

Дети как могли помогали взрослым. И всё-таки их нужно было чем-то занять. Решили открыть для них школу. Да, школу, только, естественно, без парт, учебников, тетрадей, мела, ручек... В отряде имелись и бывшие учителя, они-то и стали заниматься с ребятишками. Писали на обрывках бумаги и даже на песке.

Всё, что партизанам удавалось достать, в первую очередь шло детям. Из парашютного шёлка пошили им рубашки и блузки. Ходили ребята в пионерских галстуках — бойцы где-то раздобыли красный шёлк.

Организовали пионерскую дружину. Пионервожатой стала Лиля Копелович. Пионеры отправили в Москву свой рапорт — в нём рассказали о муках и страданиях, которые им, еврейским детям, довелось испытать.

В начале августа сорок третьего отряд попал в блокаду. Пришлось покинуть насиженное место. Выпустили коров, лошадей, уходили налегке. Семейный отряд становился легко уязвимым. Немцы знали это и стремились нас уничтожить. У одного убитого карателя мы нашли планшетку с картой. На карте было намечено наше расположение и написано: «Юден-отряд, маловооружён».

Нашим спасением стал остров Красная горка. Попасть туда можно было только через трясину. Мы пилили лес, гатили дорогу, переходили по брёвнам, потом растаскивали их, снова пилили, гатили — и так до самого острова. Немцы в трясину лезть побоялись. А мы после снятия блокады вернулись в старый лагерь, вновь собрали скот.

Шестого июля сорок четвёртого (Минск уже был освобождён) мы приняли последний, неравный бой в районе хутора Борки.

Из дальнего дозора передали — группа немцев движется в нашем направлении. Оказалось, разведка. За ней шла хорошо вооружённая большая группа гитлеровцев, прорывавшихся на запад. Что делать? Открыть им дорогу? Ведь с нашими силами ставить заслон бесполезно. Решили сражаться до последнего. Бой выдался жестокий. Мы потеряли шесть бойцов, немцы оставили убитыми около сорока человек. Затем мы начали их преследовать. Помогали другие отряды. В итоге группа была уничтожена, несколько десятков фашистов взяты в плен.

…В Минск выходили с огромным трудом. Леса кишели немцами. Еда у нас кончилась. Пришлось зарезать и съесть лошадь. Костры разводить боялись: летали немецкие бомбардировщики. Кое-как на углях пекли мясо, ели полусырым.

Выбившиеся из сил, мы шли по лесам, прикрывая семейный отряд, отстреливаясь от внезапно появляющихся немцев. Душевное состояние наше передать словами невозможно. Столько горя вынести и вот так погибнуть — это не укладывалось в голове. Я поседел.

Несколько раз меняли маршрут, ища наиболее безопасный. «Мы обязаны дойти до Минска, сохранив людей», — говорил себе каждый. С озера Кромень пошли на Столбцы. Там и соединились с частями Красной Армии. Радость наша не знала границ…

Командир полка, которому я представился, обнял меня. В его глазах я прочёл невысказанный вопрос: как вам всем удалось выжить? Он выделил нам сухари, консервы и с автоколонной отправил в Минск.

Бойцы 106-го участвовали в партизанском параде в освобождённой столице Белоруссии. Вместе с нами на параде незримо присутствовали наши погибшие товарищи. Несколько братских могил оставил 106-й в Налибокской пуще. Стоит там памятник.

И ещё об одном хочется сказать, вернее, нельзя умолчать. В этой книге нередко упоминается имя Ефима Столяревича. Это подпольная кличка журналиста, писателя Гирша Смоляра, одного из активнейших участников сопротивления в гетто, партизана. Минуло с той поры полвека, но не давал кое-кому покоя этот человек, заслуживший доброе имя.

В 1987 в издательстве «Беларусь» вышла в свет книга «Дары данайцев», посвящённая проблемам борьбы с национализмом. Авторы одной из её глав—Алесь Бажко, писатель, и Валентин Пепеляев, журналист,—упоминают о Смоляре. Читал я эту главу и глазам не верил. Герой подполья назван «давнишним провокатором, неотроцкистом и сионистом в одном лице». Лихо, не правда ли?

Процитирую дальше. «Оказавшись в годы войны в оккупированном Минске, он, как и тысячи его соотечественников, попал в гетто. Но вскоре пробрался (*каков оборот!—Д.Г.*) в состав созданного на его территории патриотического подполья. Уже после войны, воспользовавшись тем, что ещё не были изучены материалы о минском городском подполье, он написал книгу воспоминаний. Она вышла в одном из московских издательств под названием „Мстители гетто“. И тут выяснилось, что Смоляр, мягко говоря, не только сильно преувеличил свою роль в организации подполья, но и вообще построил книгу на подтасовке фактов и прямой клевете. Вскоре после этого „герой минского подполья“, как он себя беззастенчиво именовал, внезапно загорается желанием „строить новую Польшу“ и покидает Минск вместе с семьёй. Надо полагать, что за пределы Белоруссии Смоляра погнала вовсе не охота к перемене мест, а элементарная боязнь разоблачения его валютных шашней (*каково?—Д.Г.*) с оккупантами, которые он осуществлял через некоторых членов юденрата гетто».

Откуда взят весь этот бред? Есть ли хоть какие-то доказательства «валютных шашней» и прочего, в чём обвиняется

Смоляр? Об этом — ни слова, ни полслова. Да и понятно: нет у авторов ни одного документального подтверждения. Нет, потому что попросту не может быть. Они выполняли «социальный заказ» — любой ценой очернить глубоко больного старика, который ныне живёт в Израиле и издал за рубежом несколько правдивых, откровенных книг о Белоруссии в годы войны. Не пощадили даже членов семьи Смоляра, их тоже облили помоями.

Воистину прав персидский писатель XI века Кабус: «Нет большего бесстыдства, чем выдавать за правду утверждение, ложность которого заведомо известна».

А разве не стыд то, что сделало Министерство социального обеспечения Белоруссии... Оно разослало в районные, городские и областные отделы социального обеспечения республики письмо такого содержания:

«Госкомтруд СССР письмом от 01.02.90 № 56–9 сообщил, что льготы, предусмотренные постановлением Совета Министров СССР от 6 октября 1989 года № 825 „О предоставлении льгот бывшим несовершеннолетним узникам фашистских концлагерей", установлены для бывших несовершеннолетних узников фашистских концлагерей. На несовершеннолетних граждан еврейской национальности, находившихся в фашистских гетто в годы Великой Отечественной войны, льготы, предусмотренные указанным постановлением, не распространяются.

Указанное письмо примите к сведению и руководству».

Вот так, не больше и не меньше. По мнению руководства Госкомтруда СССР, гетто и концлагерь — совершенно разные вещи. Чего здесь больше — непонимания или умысла? Многих резануло по сердцу это директивное письмо, отправленное из высокой инстанции. Слава Богу, эта директива была отменена и справедливость в отношении юных узников гетто восстановлена.

Беседуя с партизанами — выходцами из гетто, читая их воспоминания, я нет-нет да и сталкивался с фактом, невольно толкавшим к размышлениям. Для многих первым безопасным приютом на пути в лес являлось Старое село, расположенное километрах в двадцати от Минска. В записках одного из руководителей подполья, а потом храброго партизана читаю: «В гетто говорили: есть такая деревня — Старое село — „партизанское царство", там чувствуешь себя в безопасности».

Разгадка пришла неожиданно.

▨ Арон Скир:

В 1920 году моя бабушка вышла замуж за овдовевшего жителя Старого села Иону Миленького. Евреев в местечках часто награждали ехидными, уничижительными фамилиями-прозвищами. В данном случае, вероятно, сделали исключение. «Миленький» — о чём-то говорит, не правда ли?

Шёл Ионе сотый год. Несгибаемый был старик, жизнелюбию его мог позавидовать каждый. Природа иногда позволяет себе вольности, выделяя кого-то из общего людского ряда. Так вот Иону наделила она не только богатырским здоровьем, но и умом, а главное — добротой.

Раньше держал он в селе корчму. При советской власти с корчмой расстался. Кроме него в селе жили, если не путаю, только два еврея — мельник и пчеловод.

День его обычно складывался так. Сделав необходимые дела по хозяйству, он с аппетитом съедал бабушкину стряпню, выпивал стопку водки домашнего изготовления, брал палку и отправлялся на прогулку. Гуляние Ионы заключалось в том, что он обходил дворы, а было их не меньше полусотни. И не просто обходил, а собирал «цорэс», то есть горести. И не просто собирал, а помогал перемочь лихо. Сдохла у соседа корова — Иона, как бы ныне сказали, организует сбор средств и, разумеется, первым вносит свои рубли. Заболел кто — Иона немедля зовёт фельдшера. Ну и так далее в том же духе. Авторитетом у сельчан старик пользовался необычайным.

Началась коллективизация. Приехали в село уполномоченные. Собрали сход. На предложение записываться в колхоз крестьяне заявили в один голос: «Як Иона, так и мы». Уполномоченные — к Ионе:

— Записывайся, дед, покажи пример, на тебя другие смотрят.

— Помилуйте, мне сто лет, какой из меня колхозник.

Опять сход собирают. Крестьяне твёрдо на своём стоят: як Иона, так и мы.

Снова уполномоченные уговаривают Миленького, тот отказывается. Тогда берут его под белы руки и ведут на край села. Там яма с дождевой водой. Сажают в яму и приговаривают:

— Будешь здесь сидеть как м и л е н ь к и й, покуда не запишешься.

Никого к нему не подпускают — ни бабку с обедом, ни сельчан.

Вскоре всё это п е р е г и б а м и назвали, головокружением от успехов. А тогда...

Двое суток старик просидел в яме. Я мальчишкой гостил у бабки, всё видел собственными глазами. Жалко мне было Иону до слёз.

В итоге записался Иона в колхоз, за ним — остальные, кроме одного, по фамилии Попка.

Надо отметить, в Старом селе хорошо жили. Сытно. По семь десятин земли каждая семья имела. А луга какие!.. И отдыхали по-доброму, весело. В клубе музыка звучала, даже спектакли ставились.

Стал я наезжать в село каждое лето. Вижу — многое меняется буквально на глазах. Поля неухоженные, трава-мурава некошеная, обобществлённых коров — под нож. И песен не слышно. И дед какой-то скучный. После обеда гулять не идёт, сидит себе сиднем.

— Ты чего, дедушка? — спрашиваю.

— Стыдно мне перед людьми. Если бы не моя слабость, т а к о г о колхоза не было бы. Лучше бы я в той яме сгинул.

Прожил он после этого недолго. Однажды заснул и не проснулся.

Бабушка из села переехала в город. А потом — война. Погибла она в гетто, а вместе с ней мои отец и мать. Мы, трое братьев, воевали на фронте, стали офицерами. И все вернулись живыми.

Текли годы. По разным поводам я встречался с теми, кто бежал из гетто, кто с оружием в руках мстил палачам. В разговорах то и дело проскальзывало: «Уходили мы в отряд через Старое село. Принимали нас там как близких, кормили, оставляли ночевать. Сельский полицай и тот молчал, не доносил».

Однажды с оказией попал я в Старое село. Нашёл Попку, того самого, кто в колхоз на первых порах отказался вступать. Он всё больше говорил о себе, о своей тяжёлой жизни в оккупации, а о деде сказал коротко:

— Ну вы же помните, какой это был человек...

Дескать, что слова попусту тратить, двух мнений об Ионе быть не может.

Лет десять-двенадцать назад приехал ко мне двоюродный брат из Ленинграда. Сидим, вспоминаем. Потом отправились в село. Там сейчас совхоз. От дома Миленького только фундамент остался. Крепкий, вполне пригодный, чтобы избу поставить. Только никто не ставит...

Разговорились со стариками — их по пальцам перечесть можно. Спрашивают нас: вы кто будете? Внуки Ионы — отвечаем.

— О, Иона, это был человек!

— А скажите, почему в Старом селе евреев всех до единого прятали, относились к ним точно к родным? Ведь головой рисковали: узнай немцы, всё село спалили бы.

Вопрос, пожалуй, не из удачных получился: неподдельное изумление застыло на лицах стариков. Долго они так смотрели на нас, наконец один ответствовал:

— А Иона?

Да, Иона. По нему судили обо всём народе.

ГЛАВА ОДИННАДЦАТАЯ

В это гетто люди не придут
Люди были где-то Ямы тут

И Эренбург

Но когда все более отчётливо становилось видно,
что военная победа в России недостижима, — то-
гда он стал все более стремиться к тому, чтобы
одну задачу выполнить — «окончательно решить
еврейский вопрос»

Г Пикер. Застольные беседы Гитлера
в главной квартире

Осталось перевернуть последнюю страницу нашего повествования и рассказать о конце гетто.

Называют разные даты его полного уничтожения — 21 сентября, 1 октября, 21 октября сорок третьего. В один из таких дней в гетто вошли гестаповцы и полицейские. Немногих оставшихся погрузили в машины и увезли. Кое-кто успел попрятаться в «малины». Эпштейн с «оперативниками» кричали: «Евреи, выходите! Всё равно мы вас найдём!»

Немцы взрывали дома, кидали в окна гранаты. Смерть находила людей и в «малинах».

И всё же погибли не все. Тринадцати удалось спастись. Около девяти месяцев провели они в подземелье. В с х р о н е, как его называли, вкладывая в название двоякий смысл, здесь они схоронились сами и схоронили близких. Теперь в это не верится, но это сущая правда.

Борис Добин:

Домик наш стоял неподалёку от кладбища Кирпичный, одноэтажный, невзрачный. Четвёртый и последний наш приют в гетто. Внизу был большой подвал— «малина». Отец сложил печку наподобие голландки с духовкой. Через духовку мы и забирались вниз.

Мы — это отец Пинхус Яковлевич, или просто Пиня, мама, бабушка, я — четырнадцатилетний хлопец, брат Сеня, на два года моложе меня, мамина сестра с сыном, некоторые другие родственники. Что до той поры пережили в гетто, не рассказать. Были на волосок от гибели много раз, но судьба миловала. Помню, во время июльского погрома сорок второго мы с отцом находились в рабочей колонне, нас домой не пустили. Когда вернулись, пришлось двор песком посыпать и всё равно кровь выступала.

Отец мой, печник, считался профессором своего дела. Звали его в округе Пиня дер кейсер, царь, значит. Он же и переделал «малину» в схрон с нарами. Конечно, не один — мы ему по мере сил и умения помогали. Чувствовалось, гетто доживает последние дни, медлить было нельзя.

Оставили узкий, тщательно замаскированный лаз, спустились в схрон и замуровали себя, отсекли от внешнего мира. Вместе с нами и другие люди очутились в подземелье, случайно подвернувшиеся. Всего двадцать шесть человек. Взяли с собой запас воды, кое-какую еду, в основном сухари, коптилку. И началась наша новая жизнь.

Воздух проникал внутрь через специальное отверстие — отец всё предусмотрел. Труба дымохода нижним концом утыкалась в схрон. По еле различимому свету, исходившему из неё, мы ориентировались, день сейчас или ночь.

Вначале был страх: вдруг обнаружат? Прислушивались к каждому шороху наверху. Страх этот мы принесли с собой из внешнего мира, от которого добровольно отрезали себя. Он присутствовал в крови как некий химический элемент, оплёл невидимой паутиной мозг, незримо руководил нашими мыслями и поступками. Руководил там, наверху А здесь он постепенно глох, слабел, растворялся. Уже не страх — нечто иное сопровождало нас в схроне. Оцепенение, отрешённость, пустота. Время словно остановилось. И полное неведение: что там, наверху?

Вскоре умерла бабушка. Надо хоронить. Где, как? Отец вырыл могилу возле нар — другого места не нашлось. Две новые смерти — два новых холмика.

Когда мы только спустились в схрон, то могли стоять и ходить в полный рост. К концу девятимесячного пребывания передвигались, согнувшись в три погибели, — настолько вырос слой земли. Могильный слой. Всего мы похоронили тринадцать человек.

Крысы объедали у мёртвых уши и носы. Так случилось с бабушкой и ещё с двумя, последовавшими за ней. Поэтому решили: едва человек умрёт, тут же его закапывать. Никаких долгих прощаний.

Кончалась вода. Мы перестали мыться. Кожа покрывалась коростой, нарывами. Мы слабели с каждым днём. Новая беда — перестал существовать лаз. В нашем дворе стоял маленький деревянный домишко, в котором обитали беженцы. Они, конечно, не догадывались о схроне. Увидев, что наше жильё опустело, они устроили в нём загон для скотины и завалили наш лаз. Случайно.

Тогда отец с помощью ножниц — других инструментов не было — начал вынимать кирпичи, пытаясь соорудить, новый лаз. Каторжная работа. И все-таки он добился своего. В новое отверстие свободно пролезал ребёнок, но так как все страшно исхудали, лазом могли воспользоваться и взрослые.

Где взять воду? Без неё нас ждала гибель. И вдруг — о чудо! — из свежевыкопанной могилы просочилась влага. Отец разрыл землю — забил родниковый ключ. Мы даже не могли громко радоваться — сил не было. Кое-как налили воду во все имевшиеся сосуды. Вода всё прибывала, грозя потопом. Неужели погибель придёт к нам из земли, укрывшей нас? Но вскоре ключ перестал бить. Сам по себе. Точно Господь Бог распорядился дать нам шанс выжить.

Немного повеселели люди. То здесь, то там шёпот: попробовать бы выбраться наружу Еда кончилась, на одном кипятке долго не протянуть.

Потихоньку стали выползать на свет. Ночами. Первый раз, когда я вылез из схрона и глотнул морозного воздуха, чуть не упал. На земле лежал снег, я зачерпнул его в пригоршню и начал жадно глотать.

Еле добрёл до Старо-Виленской улицы, где мы жили до войны. Соседи, увидев меня, стали заикаться. Дали мне картошки, муки, хлеба. Обратно лезу и думаю: не забыть бы замести следы на снегу. Для этого завели палку, обмотанную тряпкой. Пошебаршил снег, разровнял его — и в лаз.

Верили ли мы в спасение? Верили. Однако силы таяли. Порой кто-то, отчаявшись, предлагал пойти и сдаться. Пусть, мол, быстрее кончатся наши муки. Отец пресекал малодушные разговоры, поддерживал в нас веру. Отец мой оказался сильным духом, хотя внешне вовсе не производил такого впечатления.

Тётка моя Рахиль и ещё одна девушка, Муся, тоже начали выходить наружу. Не только ночью, но иногда и днём. Крались к кладбищу, сторонясь людей, искали рынок, где хоть что-нибудь можно было выменять на продукты. Лица закрывали платком, чтобы прохожие не видели их землистого цвета. Хотя таких, как они, погибающих от голода, хватало...

Муся раньше работала на обувной фабрике. Однажды встретила знакомую с фабрики. Та узнала её с трудом. Позвала к себе, накормила её и Рахиль.

Услышав рассказ о пещере-схроне, выдавила сквозь рыдания: «Вы — единственные евреи, оставшиеся в городе».

Место схрона Муся и Рахиль ей не сообщили. Женщина сама выведала, проследила. И стала помогать. Вместе со своей подругой меняла на базаре вещи, часть которых брала у нас, приносила нам еду. Если бы не её помощь, превратился бы схрон в могилу для всех.

Жизнь в нас едва теплилась. Поддерживала лишь надежда дождаться освобождения. А оно было совсем близко.

Вспоминает москвич, профессор **А. В. Каплан**, у которого в минском гетто погибли мать и сестра:

Едва Минск был взят нашими войсками, я, тогда главный хирург полевого эвакуационного пункта (ПЭП-87), и его начальник полковник Мазур получили приказ срочно прибыть в город для организации помощи раненым. Фронт тогда продвигался очень быстро, и военно-полевые госпитали не успевали перебазироваться вслед за наступающей армией.

В Минске мы решили временно использовать существующие больницы для размещения раненых. 4 июля во дворе одной из больниц ко мне подошла женщина и сказала: «Около кладбища обнаружены несколько оставшихся в живых евреев, они нуждаются в помощи». Я тут же сел в машину с двумя санитарами и поехал по указанному адресу. У меня ещё теплилась надежда, что остались живы моя мать и сестра.

Действительно, во дворе на крыльце небольшого деревянного дома полулежали пять живых трупов. Я много повидал человеческих страданий за период войны, но людей в такой степени истощения не встречал. Это_были скелеты, обтянутые жёлтой пергаментной кожей. С трудом ворочая языком, они сообщили, что там, в схроне, есть ещё люди, но они так ослабели, что сами вылезти не могут, Мы раскопали лаз и вытащили остальных. Всего живых было тринадцать. Я отдал им сухой паёк, оказавшийся у меня в машине.

К этому времени мы получили приказ эвакуировать всех раненых, так как группировка немцев начала прорываться к Минску. Забрали этих тринадцать выживших, которые опять могли попасть в лапы гитлеровцам, погрузили их в машину и повезли.

Борис Добин:

…Мы услышали стук над головами. Он усиливался. Почувствовали: не немцы — наши. Помочь открыть не могли: лежали пластом на нарах. Даже крикнуть не могли.

Вытаскивали нас на руках. Обдало нас жаром, июльское солнце слепило до слёз. На носилках нас перенесли в кузов машины и куда-то повезли. Оказалось, под Оршу, в военный госпиталь.

По дороге началась бомбёжка. Вот ужас: столько пережить, спастись и погибнуть в день освобождения под фашистскими бомбами. Это было бы уж слишком несправедливо.

Но справедливость на свете всё-таки существует — мы не пострадали.

* * *

«— Я копаю яму, чтобы похоронить себя заживо, — сказал Игнац как бы про себя, и слёзы, брызнувшие из его глаз, потекли по лицу, смешиваясь с крупными каплями пота.

Никто из работавших рядом с ним не отозвался, будто не слышали его слов. Но каждый думал о том же. Они торопились и копали из последних сил, сосредоточив всё своё внимание на одном — как бы скорее закончить дело. Ибо знали, что каждая минута промедления угрожает им смертью.

Мемориал «Яма» — памятник жертвам Минского гетто

Это происходило в тот августовский день 1944 года, когда восстание «Армии Крайовой» в Варшаве под руководством Бур-Комаровского было подавлено. Сотни и тысячи погибших лежали под рухнувшими зданиями, на улицах. Немцы уже приближались к дому № 8 по улице Франциско, где ещё сражалась группа евреев. Большого сопротивления варшавские повстанцы уже не оказывали, ибо поступило распоряжение командования прекратить сопротивление и сдаться. Евреям же предстояло искать другой выход — их немцы убивали на месте.

Единственным спасением для группы сражавшихся на улице Франциско и была эта яма...»

Семеро евреев — выходцев из разных городов Польши, Франции и Бельгии — сошли в яму спустя полтора месяца после того, как такой же схрон покинули тринадцать последних узников минского гетто, спасённых Красной Армией. Судеб скрещенье...

«Закончив сооружение, мы вышли на улицу, чтобы в последний раз взглянуть на белый свет. Солнце ярко пылало, как это бывает в конце лета. И хотя настроение у всех было подавленное, солнечный свет и тепло ободрили нас...

Страх и надежда смешались в наших сердцах. То, что мы закапываем себя заживо в тёмное подземелье, без воды и пищи, без самого необходимого для человека, без какого-либо контакта с внешним миром, выглядело обречением на медленную смерть от голода и жажды. Но в нас всё же теплилась искорка надежды на спасение. Красная Армия была уже близко, в предместье Варшавы, и только Висла отделяла нас от неё. Наши мысли и взоры были обращены туда, к ней, в надежде на то, что она принесёт нам избавление».

Один из тех, кто укрывался в варшавском схроне, Хаим Голдштейн, написал об этом книгу. «Семеро в подземелье» — документ огромной эмоциональной силы, свидетельство человеческой стойкости, мужества, подлинного интернационального братства.

Книга неизвестна российскому читателю. Перевёл её на русский по собственной инициативе Яков Чернис. Напрягите память, фамилия вам знакома. Совершенно верно, его двоюродная сестра Сима Чернис была врачом детского дома в минском гетто и погибла в погроме. И вновь скрещенье судеб.

А теперь об авторе книги. Хаим Ицл Голдштейн — рабочий. Родился в Польше, во время властвования Пилсудского эмигрировал во Францию Немцы, взяв Париж, заключили Голдштейна в концлагерь. Ему удалось бежать. Узнав, что коммунисты бросили клич усилить сопротивление в лагерях, Хаим возвратился туда, откуда бежал. Это и решило его судьбу. Дальше — Освенцим, принудительные работы в Варшаве, участие в восстании.

Вплоть до освобождения Варшавы, то есть более четырёх месяцев, он с товарищами укрывался в подземелье.

▢ Хаим Ицл Голдштейн:

Моя книга не художественное произведение, не роман и не романизированные воспоминания. Это достоверное свидетельство. Всё, о чём я рассказываю, — истинная правда, ничего не приукрашено, ничего не выдумано.

Кто эти семеро, включая меня?

Игнац, сорока четырёх лет, варшавянин, был раньше владельцем мясной лавки на Панской улице. У него была большая семья — жена и шестеро детей. Все они погибли во время одной из «акций» в гетто. Ему же удалось пробраться на «арийскую» сторону, и дворничиха-полька укрыла его вплоть до начала восстания.

Иехезкель. Иал Хаскель, как мы его звали, человек лет за пятьдесят, из предместья Варшавы — Праги, когда-то владел котельным производством. До войны у него была жена и двое детей. Вместе с семьёй он также прятался на «арийской» стороне, но немцы их обнаружили. Жену и детей расстреляли, а его как специалиста оставили в живых и держали в тюрьме Павиак до восстания.

Ицхак, двадцати восьми лет, из Белостока, находился в гетто. После побега оттуда жил на «арийской» стороне, где укрывался у «фольксдойче». Прежде он учился на медицинском факультете. Его жену и ребёнка немцы угнали в Германию.

Даниэль, восемнадцатилетний парень из Бельгии. Вместе с семьёй его отправили в Освенцим. Там убили отца, мать и брата, а его привезли в Варшаву на работу для так называемой очистки гетто. Восстание и ему принесло свободу.

Девятнадцатилетняя Хана была студенткой из Лодзи. После лодзинского, а затем варшавского гетто она очутилась на «арийской» стороне.

Из Лодзи был и Самек, студент химического факультета. Он также испытал мытарства двух гетто — лодзинского и варшавского. Впоследствии ему тоже посчастливилось перебраться на «арийскую» сторону.

Седьмым был я, высланный немцами из Франции, где остались моя жена и двое детей. После заключения в лагерь Питивье меня доставили в Освенцим, а оттуда привезли в Варшаву на работы по очистке гетто. Освобождённый восстанием, я стал его участником.

Подвал, в котором мы выкопали своё подземелье, состоял из двух отделений. Мы занимали первое, а проход во второе замаскировали. Там, во втором отделении, начиналась яма, соединённая десятиметровым подземным ходом с канализационным каналом. Этот канал мог служить убежищем на случай, если бы наше подземелье обнаружили. Ширина подземного хода едва достигала полуметра, высота — около метра.

Закрыв глаза и боясь смотреть друг на друга, чтобы не видеть на лицах и в глазах товарищей собственный ужас, мы прижались к земле и лежали безмолвно, боясь шевельнуться, думая о том неведомом, что нас ожидает. Сильная усталость овладела нами. Страдания последних лет, пребывание в гетто и лагерях, трудности последних дней восстания давали себя знать. На протяжении ряда лет мы боролись, проявляя мужество и героизм, всегда были готовы к самопожертвованию, всегда полны надежд и в сутолоке жизни забывали о муках и страданиях. Теперь же мы лежали на земле изнурённые и усталые, пристально вглядываясь в сумрак, и пассивно ждали. Чего? Мы и сами не знали.

...Прошло некоторое время, и мы выработали распорядок жизни нашего подземного коллектива, сводившийся к трём основным пунктам:

1. Днём молчать, не передвигаться, чтобы никакой звук не вырвался наружу, к немцам. Для нас день начинается ночью, с наступлением полной темноты.
2. Идущие на поиск продуктов обязаны все найденное приносить в подземелье — оно принадлежит всем одинаково. Даниэль и Хана, как самые младшие, получают двойную порцию.
3. Если кто-либо из нас попадёт к немцам, он не должен выдать местонахождение подземелья, даже если будет подвергнут пыткам.

Для каждого из нас это была священная клятва.

По печальному опыту пребывания в гетто и концлагерях мы хорошо знали, что человек способен перенести страдания более страшные, чем можно себе представить, что он способен привыкнуть к таким мукам и лишениям, какие всем нам раньше казались невыносимыми. Жизнь в подземелье это ещё раз подтвердила.

Через несколько дней пребывания в нашем тайнике мы уже так привыкли к постоянной артиллерийской перестрелке над нашими головами, что разрывы снарядов даже вблизи не могли нас разбудить. Привыкли спать на сырой голой земле. Вначале, когда снаряды или бомбы падали вблизи подземелья, нам казалось, что мы сейчас взлетим на воздух. Но тут же, убедившись, что это не произошло, прижимались к земле, с наслаждением чувствовали, как она тверда, и опять засыпали.

Однако мы были весьма чувствительны к звуку человеческих шагов. Малейший шорох над нами немедленно доходил до нашего слуха, напряжённого даже во сне. И это неудивительно: ведь самая главная опасность состояла в том, что нас могли обнаружить. Поэтому мы всегда, как собаки в своих конурах, настораживались при малейшем шуме, доносившемся до нас.

Нам было тяжело, порой охватывала безнадёжность. Помню один наш разговор.

— Мы здесь все с ума сойдём, — сказал Игнац.

— Мы себе не представляли, что значит жить в подземелье, — тихо добавил Самек.

— Только не отчаиваться! — строгим голосом отрезала Хана. — Если опустим руки, долго не протянем.

— Хана права, — поддержал её я. — В подземелье, конечно, очень трудно, куда труднее, чем в лагере или гетто. Там каждый мог использовать свой ум, свою энергию на самосохранение. Там каждый тянулся к окружающему его миру, к жизни...

— Нечего сказать, хороша жизнь была в Освенциме, — сказал отрывисто Хаскель, — когда смерть подстерегала на каждом шагу.

— Ну и что ж, — продолжал я. — Пусть там существование полумертвецов, зато мы хотя бы передвигались, сквозь колючую проволоку видели живой мир. Мы почти ощущали его, чувствовали и тосковали по нему, в мыслях были с ним, и близость к жизни усиливала в нас желание сохранить себя, чтобы вновь приобщиться к нему. Даже ты, Хаскель, хотя провёл долгие годы в Павиаке, в заточении, всё-таки был близок к живому миру. С ним тебя связывал надзиратель, шагавший по коридору. Когда менялся караул и приходил новый охранник, заглядывавший к тебе в окошечко, он тоже приносил тебе привет с воли... А здесь, в подземелье, мы лишены всякого контакта с миром. Нам кажется, что весь он разрушен, превращён в прах, как те развалины, что высятся над нами, как все руины Варшавы.. Кажется, что мир перестал быть тем, к чему мы стремимся и жизнь начинает терять свой смысл. Так можно действительно сойти с ума, если..

— Что же ты предлагаешь, — рассердился Ицхак, — если знаешь всё так хорошо?

— Отчего ты сердишься, Ицхак? — вмешалась Хана. — Ведь каждый из нас имеет право высказываться о чём угодно, как он это понимает.

— Что я предлагаю? Всеми силами цепляться за тот мир, который наверху, над нашим подземельем, над руинами Варшавы. Этот мир существует, живой мир, в котором хочется жить... И если так будешь думать, всё сделаешь, чтобы взять себя в руки, не упасть духом. Нам надо одолевать все трудности, только так мы сможем облегчить наши страдания.

Однако не всё было столь грустно. Когда наверху в подвалах разрушенных зданий удавалось найти еду, мы устраивали пиршество. И, глядя на «стол», за которым сидели, на нашу «квартиру» тёмное подземелье с грязным земляным полом, на жуткие тени от тусклого света свечи, мерцающей в углу слыша удушливый запах, доносящийся из канализационного канала, я думал: какую неистовую силу должен представлять собой инстинкт жизни, в особенности если он сопряжён с ясным сознанием и чистой совестью! Достаточно малейшего удовольствия, малейшей радости — и сразу перестанешь замечать невыносимые условия, становится даже не так страшно. Сразу оживает надежда, больше того, даже старые привычки и чувства прежней свободной жизни оживают. Например, Даниэль смотрит такими влюблёнными глазами на Хану, что вот-вот, кажется, он шепнёт ей на ухо самые нежные слова... И вдруг лицо его меняется: к Хане подходит Самек и кладёт ей руку на плечо. По лицу Даниэля видно, как больно ему это... Да, жизнь со всеми её привычками, со всеми сложностями врывается и в наше подземелье!

Подвалы, где мы искали еду, отличались друг от друга, каждый выглядел по-своему, имел свои характерные признаки, свидетельствующие о людях, которые проживали в этих домах. По пище, а также по одежде и белью, найденным там, мы легко могли судить, к какому сословию принадлежали хозяева. Встречались подвалы, разрушенные снарядами, развороченные бомбами или сожжённые огнём, — они свидетельствовали о разыгравшихся в них сражениях, об упорном сопротивлении, о героических действиях преследуемых людей.

Я часто думал о том, что трудности для нас — спасение: ежедневно, ежечасно мы должны были преодолевать бесчисленные невзгоды, опасности и лишения, если хотели выжить. То кончалась еда, то вода. То опасность угрожала со стороны канала, то со стороны улицы. То надо было воевать с мухами, то с крысами. То мы боялись бомбёжки, то стрельбы и постовых. Вся эта повседневная борьба не давала возможности расслабиться, стать инертными, постоянно заставляла напрягать всё наше внимание, быть смекалистыми и изобретательными.

Людское братство... Здесь, в подземелье, оно проявилось в полной мере. К нам добавился восьмой человек — поляк Кажик, ксёндз. Произошло это так. В канале возле подземелья скрывались четыре поляка, бывшие участники восстания. Кажик сильно простудился, постоянно кашлял. И тогда мы взяли его к себе, приняли по-дружески, хотя он вначале признался нам, что евреев не любит.

От кашля он вылечился, но тут пришла новая беда — заболел тифом. Как поступить? Ведь все мы можем заразиться. Кажик был уверен — ему не помешают умереть, и он заранее не был к нам в претензии. Однако мы отвергли мысль о том, что можно дать человеку умереть ради собственного спасения. «Врач» подземелья Ицхак каждую ночь пускался в опаснейшие экспедиции — во всех окрестных погребах и на улицах, где немцы запросто могли его поймать, он искал лекарства. И находил.

— Вы все люди порядочные, милые, вы меня очень хорошо приняли, — высказался в порыве откровенности ксёндз. — Не раз, лёжа с вами в этом тёмном подземелье, я думал, если бы я мог крикнуть, чтоб весь мир услышал. «Это ложь, когда говорят, что евреи хуже нас, христиан... Нет и нет! Приходите сюда, именно здесь, в этих условиях, можно увидеть и познать людей!»

...Уже три месяца мы находились в подземелье, физически истощённые, нервы наши были натянуты до предела. Порой нас охватывала невыносимая тоска. Еды с каждым днём становилось всё меньше, впереди ожидал голод.

Я боялся, что в таких условиях могут начаться ссоры, ведь известно немало случаев, когда из-за последнего куска возникали драки и даже совершались убийства. К счастью, мои опасения были напрасны. Помогло одолеть все трудности то, что мы сильно сдружились. Конечно, мы спорили, даже довольно горячо. По многим вопросам у нас были разные, часто противоположные мнения. Каждый, например, оценивал по-своему великую разруху Некоторые были пессимистически настроены в отношении послевоенного мира, от которого они ничего хорошего не ждали. Они полагали, что люди настолько привыкли к плохому, что такими уже и останутся. Другие, наоборот, полагали, что на плохом учатся. Люди сделают выводы, станут добрыми, не будут больше делать зла другим. Но таких дискуссий мы избегали, чтобы нечаянно не обидеть друг друга. Мы делали всё возможное для того, чтобы хорошая дружба, сложившаяся между нами, ничем не омрачалась. Чувствовали, что от этого зависит вся наша жизнь.

И вот однажды в полдень мы вдруг услышали гул самолётов. Как обычно, стали ждать бомбовых разрывов. Но самолёты пронеслись низко над нами и улетели дальше, не сбросив ни одной бомбы, и их никто не обстреливал.

Больше ждать я не мог. Поднявшись, стал пробираться к выходу, чувствуя — что-то произошло. Ицхак шёл за мной. И он уже не мог усидеть на месте. Я вынул один кирпич, другой. Яркий свет ворвался в подземелье. Пролез через отверстие, Ицхак за мной. Тихо и осторожно мы сползли с горки щебня и кирпича прикрывавшей вход в подземелье, и вышли во двор Прижимаясь к стене, выбрались на улицу.

Кругом всё было мертво. Издали на улице мы увидели ребёнка, девочку лет восьми, и возле неё женщину — она разгребала снег, словно что-то искала. Мы побежали к ней. Увидев нас, она вздрогнула и схватила ребёнка за руку.

— Кто вы такие? — спросила с испугом.

— Мы евреи, — сказал я и тут же добавил: — Прятались в подземелье, поэтому так выглядим.

— Со вчерашнего дня здесь русские, — сказала она.

— Что? — выкрикнул я ошеломлённо.

— Да, — она улыбалась, — со вчерашнего дня мы все освобождённые.

Я поднял ребёнка и расцеловал.

В подземелье мы больше не спускались. Наши крики «Мы свободны!» там услышали. Один за другим все стали выходить наружу. Мы обнимались и целовались. Хана и Самек поддерживали больного Даниэля. Их лица сияли от радости. Кажик, наш ксёндз, стоял с раскрасневшимся лицом и кричал:

— Дожили! Дожили!

— Не все, — буркнул Хаскель, опустил голову и зашатался. Ицхак подхватил его, не давая упасть.

— Да, Кажик, не все дожили, — повторил он слова Хаскеля.

Кажик положил руки на плечи Ицхака.

— Но больше такого никогда не повторится. Никогда! Никогда!

— Будем надеяться, — ответил Ицхак и обнял его.

Игнац неотрывно смотрел в одну сторону — должно быть, в ту, где находился его родной дом. По его лицу текли крупные слёзы. Он тихо шептал:

— Дети мои, дети мои...

Я оглядывал руины вокруг, руины местности, так хорошо мне знакомой, руины гетто... И думал про себя: разрушенное вновь отстроят. Здесь вновь будет жизнь. Но никогда уже не встанут из могил погибшие.

...Когда я закрываю глаза теперь, спустя много лет, я вижу не только тёмную дыру, не только крыс и мух, помню не только голод, вонь и страх, а прежде всего их — моих товарищей из подземелья. Как искры в темноте ночи, загораются передо мной их образы. Словно тихая музыка, вновь звучит в моих ушах приглушённый шёпот наших бесед. Как тепло родного очага, живёт во мне наше братство. Да, именно в этом причина того, что мы выжили. Мы выжили, ибо отчаяние не сломило нас, нами владели не горечь и ненависть, а любовь и взаимопонимание.

Это — наглядный пример того, как люди могут и в нечеловеческих условиях подниматься к высшей степени человечности.

* * *

...С Борисом Добиным шагаем по заснеженной Сухой улице к кладбищу. Дорогой смерти, по которой много раз следовали мученики минского гетто. И улица другая, шире той, прежней, и кладбища уже нет и всё вокруг иное, с о в р е м е н н о е .

— Сюда, — показывает Борис. Мы сворачиваем в Слободской переулок, заваленный сугробами, останавливаемся у какого-то строения.

— Вот он, наш схрон.

Железные ворота окрашены жгучей ярко-синей краской. За ними — дворик и невзрачный, в серой штукатурке дом. В нем не живут, тут автомастерская с гаражом.

— Дом надстроили, — поясняет Борис. — Тогда он был ниже. Видите трубу на скате крыши? Тот самый дымоход, по которому мы время суток определяли.

Из соседней деревянной хибары (некогда в ней жили соседи Добиных — беженцы, нечаянно завалившие.лаз в схрон) выходит женщина, одетая в казённое, вохровское..

— Кого ищете? — спрашивает любопытствующе и подозрительно.

Как ей объяснить... Поворачиваемся и покидаем дворик.

Ещё раз оглядываю дом, в схроне которого так долго скрывались и выжили тринадцать последних узников гетто и где осталось тринадцать могил, наверное, никем по сию пору не найденных. Борис тоже смотрит на дом не мигая, что-то в его глазах тускнеет, блекнет, мертвеет, а губы словно вышептывают клятву:

— Если мы позабудем павших, пусть память о нас самих исчезнет вовеки.

...Наша задача состоит в работе по построению национал-социалистического государства в следующие столетия... Я обязываю... всю нацию к строгому соблюдению расовых законов и к непримиримой борьбе... с мировым еврейством.

Гитлер.
Политическое завещание

И это вот что означало:
Всё человечество кричало
И в исступлении звало
Избыть содеянное зло.
Вольфрам фон Эшенбах, «Парцифаль»
Перевод Л. Гинзбурга

НЕОБХОДИМОЕ ПОСЛЕСЛОВИЕ

Итак, «Десятый круг», история крупнейшего гетто на оккупированной территории СССР. Еврейская тема, столь трагически прозвучавшая. Я предложил рукопись журналу «Знамя» — в перестройку, наверное, самому читаемому в стране. Главный редактор Григорий Бакланов, писатель-фронтовик, одобрил текст. И... публикация стала переноситься из номера в номер. Мне была хорошо знакома метода тянуть с выходом в свет, пока раздосадованный автор сам не заберёт рукопись. Однако в данном случае ситуация была иной: Бакланову-еврею хотелось напечатать повесть о гетто, но... что-то смущало, в его душе происходили неведомые никому борения...

Реальность научила меня литературной хитрости (в жизни я не такой, памятуя армянскую поговорку: хитрость — ум дураков). Я передал по редакционным «инстанциям», что договорился с «Новым миром» и там дают повести зелёный свет. Естественно, блефовал..

Бакланов, узнав новость, распорядился «ставить в номер». И в декабре 1988-го журнальный вариант «Десятого круга» был напечатан в «Знамени».

Сбор новых материалов, поездки в Минск, продолжение поиска бывших узников, чудом выживших, встречи и переписка с ними заняли ещё около двух лет. Довелось стать в значительной степени первооткрывателем: многое содержащееся в книге, в полном объёме увидевшей свет в издательстве «Советский писатель» в январе 1991-го, стало известно впервые.

Впрочем, у меня был предшественник. Сразу после войны Гирш Смоляр, один из создателей подполья в Минском гетто, написал по горячим следам свои воспоминания. «Десятый круг» был отделён от воспоминаний Смоляра более чем сорока годами. Дистанция времени пошла на пользу — в книге немало открытий и откровений... Впрочем, заслуга в этом не только автора — об этом дальше.

БЕСЦЕННЫЕ ПАПКИ КУПРЕЕВОЙ

...Вернусь на немало лет назад.

В одну из тогдашних поездок в Минск я узнал, что в Институте истории Академии наук Белоруссии существовала группа сотрудников, изучавших историю гетто. Возглавляла группу Анна Павловна Купреева. Удалось собрать обширные материалы, но до обнародования дело не дошло — на папки с рассказами узников, фотографиями, топографическими схемами был наложен гриф «Совершенно секретно». Так в республике сознательно прятали память о ста тысячах погибших, одновременно борясь с «сионистским влиянием».

Я нашёл домашний телефон Купреевой и позвонил ей. Анна Павловна хворала, встретиться не получилось. Она подтвердила существование засекреченных папок — итог 15-летних изысканий и выразила большое сомнение, что мне их покажут. Но всё-таки на дворе был уже 1987-й, про гласность и открытость прожужжали уши, и я надеялся сыграть на этом.

В Москве я запасся, на всякий случай, письмами с просьбой оказывать содействие журналисту и писателю, то есть мне, в сборе материалов по теме, связанной с неизвестными страницами войны. В письмах ни слова не было сказано о Холокосте, гетто, отсутствовало само упоминание евреев. Придя утром в Институт истории, я представился секретарше директора и попросил сообщить ему о моём визите. Секретарша ответила — директор сегодня отсутствует, вам надо обратиться к учёному секретарю. В ту минуту я не понимал, как мне повезло.

Учёный секретарь оказался молодым светловолосым человеком, одетым в дешёвый костюм, очевидно, местного производства, и пугливыми глазами. Он ознакомился с письмами от Союза писателей и журнала «Знамя», те произвели на него впечатление и он спросил, чем может помочь. Я назвал цель прихода и демагогически сделал упор на набирающем ход процессе гласности. Против ожидания, учёный секретарь не стал возражать или делать вид, что принятие решений не в его компетенции ввиду отсутствия директора, а сразу разрешил посетить архив и ознакомиться с теми самыми папками. Проводил меня в нужное помещение и распорядился «оказать помощь московскому писателю». В комнате работали три женщины, они согласно кивнули.

…И вот они передо мной, заветные красные папки с грифом в верхнем правом углу «Сов. секретно». Их пять. Вооружась ручкой и бумагой, я приступил к чтению и записям.

Передо мной открывались плоды заинтересованной, кропотливой, скрупулёзной работы нескольких историков, ведомых Купреевой. Некоторые имена узников гетто мне уже были знакомы, их воспоминания легли в мои блокноты и на магнитную ленту, другие имена выглядели новыми, они ушли из жизни, но группа Анны Павловны успела встретиться с ними. Собранные фотографии и топографические схемы давали чёткое представление о районе гетто, давались описание улиц, домов… Словом, это был бесценный материал, лежавший под спудом.

Время медленно влеклось, в вечерние окна заглядывал кислый зимний сумрак, а я не освоил содержание и трёх папок. Из сотрудниц архива осталась одна, видимо, старшая, деликатно дожидавшаяся, когда столичный гость завершит работу. Поймав мой беспомощный взгляд, она тихо произнесла: «Знаете что? Возьмите с собой оставшиеся папки, положите в портфель. Завтра утром

Анна Павловна Купреева

200

в половине девятого я буду вас ждать у входа в Главпочтамт на Ленинском проспекте. Вы в какой гостинице остановились? В „Минске?" Почта рядом. Только не подведите — иначе меня уволят...»

Так мне повезло второй раз за день.

Ночь напролёт я делал выписки. Не спал ни часа. Тем не менее, до содержимого пятой папки я так и не добрался. Утром в означенную половину девятого передал завёрнутые в непрозрачный пакет папки моему ангелу-спасителю. За давностью лет имя женщины испарилось из памяти. Кажется, Валентина. Поблагодарил и, не удержавшись, неловко поцеловал в висок.

Вскоре я переступил порог приёмной директора института. Всё-таки решил отвоевать ещё один день, дабы без спешки и суеты ещё раз просмотреть «секретные» сведения. Не тут-то было. Директор принял меня насторожённо, узнав, что вчера я работал в архиве, насупился и сквозь зубы: «С тем, кто вам разрешил, мы разберёмся. Документы секретные, — повторил несколько раз как мантру, — без разрешения ЦК и КГБ допуск к ним невозможен...»

Запахло керосином. Я ретировался и помчался в гостиницу. Собрал исписанные листы и засунул на голое тело под рубашку, сверху надев свитер. Я не сомневался: директор позвонит в местную Лубянку, откуда вполне можно ждать «гостей» с негласным обыском. Возможно, я перестраховывался, однако предосторожность не бывает лишней.

Потом я не раз вспоминал Анну Павловну Купрееву добрым словом. Узнал подробности её жизни (скончалась она в 1993-м) и многое понял в её характере.

Дочь одного из руководителей подполья в гетто Светлана Гебелева писала о Купреевой:

«В 1938 году её отца и других руководителей Полесской области арестовали и расстреляли в одну ночь. В апреле 1957 года Аню, её сестру Лену, брата Володю и маму

Татьяну Ивановну пригласили в КГБ. Сообщили, что их муж и отец реабилитирован, что он ни в чём не виноват. Вдове и детям принесли извинения. Но Аня, Лена, Володя ещё долго жили с ярлыком „дети врага народа". Всё это приносило им немало душевных страданий, как и в те минувшие годы, когда Татьяна Ивановна с тремя детьми на руках оказалась выброшенной на улицу и едва могла свести концы с концами. В эвакуации под Саратовом они пропали бы, если бы случайно не нашли земляка, очень порядочного человека Павла Алексеевича Долгого. Он сделал им вызов в город Муром. Сначала они работали здесь на военно-овощной базе. Грузили эшелоны для фронта. А когда Татьяна Ивановна устроилась сторожем в школе, Аня по вечерам стала прибегать на занятия.

Она была способной ученицей, и директор школы посоветовал ей учиться дальше. Окончила педкурсы при Муромском учительском институте. Потом этот же институт. Аня училась на двух факультетах сразу — историческом и педагогическом.

В Белоруссию смогли вернуться только через несколько лет после войны. Анну Павловну направили работать завучем спецдетдома, где находились дети из Озаричского лагеря смерти. Спустя некоторое время её перевели в Минск. Она работала в детприемнике МВД. Заочно училась в Белорусском государственном университете.

Окончив университет, Анна Павловна Купреева (фамилия по мужу) поступила в аспирантуру. И здесь обнаружилось, что она «дочь врага народа». Ей не давали ни темы диссертации, ни возможности сдать кандидатский минимум. Только после вмешательства высоких инстанций удалось защитить диссертацию и сдать экстерном все предметы. Кандидат исторических наук доцент Купреева с 1957 года была сотрудником Института истории Академии наук БССР, много работала над монографиями о развитии народного хозяйства Белоруссии, о подпольном и партизанском движении. Напи-

сала несколько книг и брошюр, изданных в республиканских издательствах.

Но главной темой её жизни стала история Минского гетто, над которой она работала более 15 лет, до последнего дыхания».

ВСТРЕЧА С ГИРШЕМ СМОЛЯРОМ

Начало 91-го обернулось для москвичей полупустыми прилавками. Еда стремительно исчезала. В провинции дела обстояли ещё хуже. Перестроечная жизнь менялась на глазах, в воздухе висела тревога, люди вновь ожидали перемен, на сей раз скверных. Горбачёву переставали верить.

В первых числах января началась южноосетинская война: в Цхинвали ввели части грузинской милиции. В городе вспыхнули бои с применением гранатомётов. Части МВД Грузии были выведены из столицы Южной Осетии 26 января.

Союз начинал разваливаться. В Литве был создан «Комитет национального спасения», провозгласивший себя единственной законной властью в республике. В Таллине Председатель ВС РСФСР Борис Ельцин подписал договор об основах межгосударственных отношений РСФСР и прибалтийских республик, в котором стороны признавали друг друга суверенными государствами.

13 января в час ночи отряд спецназа и бойцы «Альфы» взяли штурмом телецентр в Вильнюсе. Население оказало массовое противодействие захвату. В результате операции погибло 15 человек

20 января в Риге произошла перестрелка с участием рижского ОМОНа у МВД Латвийской Республики. Убито 4 человека.

Состоялась крупная демонстрация в Москве в знак протеста против событий в Вильнюсе. Я был на ней. Более 100 тысяч участников (по другим данным — от 200 до 300 тысяч человек) требовали отставки президента СССР Михаила Горбачёва, а также выступали против применения военной силы советской армией в отношении Литвы.

25 января обнародован указ о совместном патрулировании в крупных городах МВД и армии.

В интервью Центральному телевидению Ельцин заявил, что отмежёвывается от политики Горбачёва и требует его отставки.

Обстановка накалялась…

…У меня разыгрался острый гастрит. Таблетки не помогали — требовалась строгая диета, соблюдать которую при дефиците продуктов оказывалось невозможно.

Единственно светлым пятнышком на серо-безрадостном фоне было сообщение издательства «Советский писатель» — стотысячный тираж «гетто» почти готов. Печатает книгу тульская типография. Редакторша Валерия Бузылева доверила секрет: моя книга — последняя для «Совписа» в качестве государственного издательства. «Нас ждёт акционирование и прочая маета…»

Я предвкушал отрадный момент, когда смогу взять в руки книгу в мягком переплёте, вобравшую, кроме «гетто», повесть «Телохранитель». Нетерпеливое ожидание подталкивалось важным обстоятельством: в феврале предстоит поездка в Израиль на Конгресс русской прессы, и, пользуясь возможностью, я смогу увидеть Гирша Смоляра и подарить «Десятый круг» с отповедью его клеветникам. Легендарная личность, один из руководителей подполья в Минском гетто, живёт в Тель-Авиве. Удалось найти его телефон, я позвонил, ответила женщина, назвавшаяся помощницей по хозяйству, и передала трубку хозяину квартиры. Голос Смоляра слегка вибрировал, дребезжал, произносил слова он с задержкой, придыханием, чувствовалось — это речь старого, больного человека.

Самое для меня главное — он знал о моей книге, читал в «Знамени» журнальный вариант. «Дорогой Гирш Давидович, я смог ответить негодяям, обвиняющим вас в чудовищных вещах…», — вставил в разговор. — «Очень хочу прочесть, — ответил он. — Приезжайте поскорее…»

В самом конце января поступила информация — тираж готов, я могу получить положенные по договору десять бесплатных экземпляров. Но для этого требуется поехать в Тулу — в Москву книги поступят не раньше середины следующего месяца. Ждать я не мог.

…Электричка уходила с Курского вокзала на рассвете. В Тулу я прибыл через три с небольшим часа. Гастрит давал о себе знать — с трудом проглотил бутерброд, запив водой. Глотая горькую слюну, я вошёл в помещение типографии на проспекте Ленина (где же ещё может находиться объект областного значения!).

…Вот она, долгожданная книга в мягкой бумажной обложке: на чёрном фоне графически исполненный пугающий лик — то ли живого исстрадавшегося человека, то ли скелета с пустыми глазницами. Листаю тонкие страницы плотности газетной бумаги, ни белизны, ни полиграфического изыска, и замечаю — после многих предложений отсутствуют точки. Типографский корректор, видимо, не читал. Последняя по счёту книга писательского издательства, уходящего, быть может, в небытие — можно особо не напрягаться… Я не сильно расстроен — ничего удивительного по нынешним временам, главное — книга есть, живая, ещё издаёт тепло печатной машины.

Описывать работу Конгресса не входит в мою задачу. Было интересно, встретился с коллегами, живущими в Израиле и на Западе, примерил их жизнь на свою, хотя в тот момент не думал эмигрировать. Однако не могу не отметить: гастрит свой я поборол изумительной едой в иерусалимском отеле King David, где жили журналисты. «Шведские столы» потрясали обилием и качеством пищи. Повинуясь требованиям желудка, я как сумасшедший потреблял всё подряд в немыслимых количествах, забыв правило: не путать мясное с молочным. Я путал…

Через неделю я забыл о гастрите…

Конгресс закончился, я переехал в Тель-Авив и остановился у приятеля-бизнесмена, репатриировавшегося из Москвы три года назад. Было очень холодно, обогреватель не спасал, приходилось спать в тренировочном костюме.

И вот, наконец, я в маленькой квартире Смоляра на окраине города. Дарю два экземпляра «Десятого круга». Старик нежно оглаживает обложку, словно живое трепетное существо. Ему под девяносто, подслеповат, с трудом передвигается. Мы выпиваем по рюмке водки, закусываем скромной кошерной едой, приготовленной помощницей по хозяйству, Гирш Давидович просит прочитать вслух написанное о нём в книге — из-за слабого зрения самому нелегко осилить мелкий шрифт. По мере чтения глаза его начинают слезиться...

Что я знаю о нём... Рождённый в польском местечке, на волне революционных событий в России мальчишкой примкнул к рабочему движению. В 1918 году организовал левую группу сионистов, которую назвал Союзом социалистической молодёжи. В Польше устанавливается авторитарный режим. Гирш бежит на Украину, оказывается в Киеве, приобретает известность как профессиональный еврейский литератор. Сотрудничает с несколькими изданиями, вместе с Эммануилом Казакевичем участвует в создании литературной группы «Бой-кланг» («Гул стройки»). Переехав в Москву и изучая политические науки и литературу в Коммунистическом университете, становится членом редколлегий московских еврейских журналов.

В 1925-м вступил в ВКП(б). С 1928-го — на нелегальной работе в Польше. Проходит совсем немного времени, и он становится секретарём Коммунистической партии Западной Белоруссии (КПЗБ). Работает в Варшаве, Белостоке, Лодзи, Вильно. Его неоднократно арестовывают. Несколько тюремных отсидок, в том числе четыре года — в одиночной камере.

После нападения Германии на СССР Гирш Смоляр оказывается в оккупированном Минске. Буквально в первые же дни оккупации в городе возникает антифашистское подполье. Минское подполье было создано по личной инициативе группы патриотов, и, вопреки официальному мнению, без како-го-либо руководства со стороны партийных органов. Им было не до того, они спасали свои шкуры. В панике бежали из республики главный партийный начальник Пономаренко и его окружение.

Вот что позднее писал об этом сам Смоляр:

«Многочисленное население города и, прежде всего, восемьдесят тысяч евреев были оставлены на „милость“ врага. Паника среди партийного руководства была так велика, что оно даже не успело назначить нескольких человек, которые должны были остаться в области для организации движения сопротивления».

После возникновения гетто центр подполья перебирается туда, и именно здесь скрываются и нееврейские его участники: в гетто немцы подпольщиков пока не ищут. Гирш Смоляр—один из организаторов подполья. Вот когда пригодился его опыт конспирации! А ещё пригодился и опыт литератора: при его непосредственном участии печатались листовки и создавалась первая в городе подпольная типография. Он—фактический лидер боевой организации Минского гетто. Координировал «десятки», на которые были разбиты все участники сопротивления. Сам он, используя свой опыт агентурной работы, находился на нелегальном положении с документами на имя Ефима Столяревича. Он же руководил отправкой людей в партизанские отряды.

Подполье ставило своей целью вывод из города максимального числа узников гетто.

В неимоверно тяжёлых условиях подпольщики добывали оружие. В разобранном виде, отдельными деталями они выносили его из немецких оружейных мастерских, в которые немцы возили их на работы из гетто. Одной из причин, сдерживающих вывод людей в лес, было условие, при котором в отряды принимали только тех, кто имел при себе оружие. Уже тогда было ясно, что это—откровенно дискриминационное условие. Преступно было предъявлять еврейскому населению те же требования, что и нееврейскому, которое пользовалось пусть ограниченной, но всё-же свободой передвижения. Найти брошенное оружие в лесах или на полях бывших боёв нелегко, но возможно. Найти же оружие в городе, да ещё находясь за колючей проволокой, было неимоверно трудно. Такова была реальность…

Так же целеустремлённо собирались медикаменты, медицинское оборудование, перевязочные материалы. Всё это затем переправлялось в лес.

Бывшие узники Минского гетто составили ядро шести партизанских отрядов: Гирш Смоляр стал инициатором создания семейного еврейского партизанского отряда (№ 106, командир Шолом Зорин), в котором насчитывалось около 600 человек. Отряд стал базой, снабжавшей другие отряды нужными специалистами: врачами, оружейными мастерами, печатниками для подпольных типографий.

Уйдя в лес, Смоляр стал комиссаром одного из партизанских отрядов, действовавших в Налибокской пуще.

Эти отряды становились, по сути, единственным прибежищем узников гетто. Однако далеко не все беглецы находили приют у партизан. Многих в отряды не принимали, многих расстреливали по дороге в лес. Расстреливали «народные мстители», следуя указаниям «Большой земли». Беглый 1-й секретарь ЦК КП (б) Белоруссии Пономаренко сохранил свою должность в годы войны. Будучи в особой милости у Сталина, он возглавил Центральный штаб партизанского движения. Именно он в начале ноября 1942-го отправил зловещую радиограмму командирам партизанских формирований, ставшую для них руководством к действию. Я обнаружил её текст и привёл в книге. Напомню главную часть:

«Немецкой разведкой в Минске организован подставной центр партизанского движения с целью: выявления партизанских отрядов, засылки в них от имени этого центра предателей, провокационных директив и ликвидации партизанских отрядов… Для того, чтобы не до-

пустить проникновения в отряды вражеской агентуры, партизанским отрядам с представителями каких бы то ни было организаций Минска в связи не вступать и сведений о дислокации, количественном составе, вооружении и деятельности отрядов не давать. Представителей центра, которые появляются в отрядах, проверять, тех, кто вызывает подозрения, задерживать...»

Многие командиры по-своему «расшифровали» скрытый, но довольно очевидный смысл приказа Пономаренко и приступили к его реализации. Надо ли удивляться, что далеко не все беженцы из гетто смогли оказаться в лесных отрядах, а значительная часть из них погибла по дороге вовсе не от рук гитлеровских карателей?..

В 1987 году издательство «Беларусь» выпустило книгу под названием «Дары данайцев». Это было совершенно обычное для тех лет издание—сборник статей о «коварных происках идеологических диверсантов—наймитов ЦРУ». Минск в те дни был известен как активный проводник идеологического антисемитизма во всем Советском Союзе. Набирала ход горбачевская перестройка, но в Белоруссии её как бы не замечали, следуя советским стереотипам. «Дары данайцев» имели самое прямое отношение к Гиршу Смоляру.

Повторю приведённые в моей книге дикие обвинения в его адрес. «Давний провокатор», «неотроцкист и сионист», «сионистский оборотень», «матёрый антисоветчик»... Именно такими словами о нём в одной из глав писали поэт Алесь Бажко и журналист Валентин Пепеляев.

Почему главной мишенью оголтелой клеветы и мистификации был выбран Смоляр? Много позднее, уже оказавшись за границей, вне зоны досягаемости советских органов безопасности, Гирш Давидович в своих книгах и статьях открыто писал, что преступный приказ Пономаренко не принимать в партизанские отряды спасшихся евреев приводил к новым и новым жертвам.

Такова одна из причин, побудивших в конце 1980-х гг. партийных пропагандистов организовать травлю Смоляра. Это была месть за его публикации.

...Я читал вслух, сидевший напротив старик в очках толстой оправы молча впитывал смысл. Расширенные в выпуклых стёклах зрачки немигающе глядели на книгу, в которой давалась отповедь негодяям. Я чувствовал, что выполняю некую миссию...

— Гирш Давидович, доводилось вам видеть Пономаренко и напрямую говорить с ним? — спросил я.

Мой собеседник вздрогнул, мысли его в этот момент были, чувствовалось, совсем о другом. После паузы он начал вспоминать.

— В Минск после освобождения города вернулось около пяти тысяч человек — те, кто бежал из гетто. Вернулись далеко не все. Положение создалось отчаянное. Уцелевшие на территории бывшего гетто дома заняты русскими и белорусами, евреи вынужденно ночуют за городом в крестьянских хижинах или под открытым небом. Работы нет, а, следовательно, нет и средств к существованию. Многие евреи вынуждены заняться мелкой торговлей, но на базарах их грабят, оскорбляют, порой избивают...

Я с помощью товарищей составил документ на имя первого секретаря ЦК КП(б) Пономаренко, в котором описывал тяжёлое положение евреев и предлагал конкретные меры к созданию нормальных условий для их жизни. К документу прилагался список с именами активистов подполья, лиц, ответственных за районы гетто, руководителей «десяток», связных и т.д.

Троих из нас вызвали на приём в ЦК. Пошли члены Союза советских писателей Айзик Платнер, Гирш Каменецкий и я. Излагая самую суть, я смотрел на Пономаренко. Тот слушал внимательно, ничего не записывал, ни одного вопроса не задал. Спросил только у моих спутников, не желают ли что-нибудь добавить. Те ответили, что согласны со всем сказанным. А дальше... Пономаренко буквально вызверился. Злоба, ярость полыхала в его прищуренных глазах. Он словно брал меня «на мушку».

— Вы, — он указал на меня пальцем, — виноваты в разжигании еврейского национализма, против которого мы примем самые решительные меры. Да и как иначе мы можем охарактеризовать вашу «программу» (он имел в виду документ, отосланный в Центральный Комитет). А ваши националистические сборища! Шайки, притаившиеся в своём логове... Ответьте мне, за что вас так ненавидят? Почему, когда оскорбляют Ивана, оскорбляется только Иван, но когда оскорбляют еврея, все евреи чувствуют себя ущемлёнными?..

В общем, разговора не получилось. Я старый человек, подвержен болезням, но голова покуда не подводит. Помню каждое слово главного коммуниста республики — отъявленного антисемита...

Молча мы шли по ночным минским улицам. Первым гнетущее молчание нарушил Платнер: «Нам всем сегодня был вынесен смертный приговор». Ошеломлённый, я остановился посреди улицы и обрушился на Айзика: «паникёр», «плакса» и т.п. Гирш Каменецкий, всегда немногословный, после моей возмущённой тирады хладнокровно проговорил: «Не кипятись, Айзик прав».

В то время Смоляр работал над книгой о Минском гетто, и, закончив её, отвёз весной в Москву, в издательство «Дер Эмес». Книга вышла на двух языках: на идиш («Фун минскер гетто» — «Из Минского гетто», М., 1946) и на русском. Многие годы эта книга была единственной советской книгой на русском языке о еврейском антифашистском сопротивлении.

Смоляра хорошо знали в Еврейском антифашистском комитете (ЕАК), и вскоре он стал корреспондентом газеты ЕАК «Эйникайт» по Белоруссии. Нет сомнения, что в годы репрессий его не пощадили бы, как не пощадили Айзика Платнера и Герша Каменецкого, которые в 1949 году, во время разгрома ЕАК, были арестованы. Семь лет ГУЛАГа подорвали их здоровье. В 1957 году на 62-м году ушёл из жизни Каменецкий, в 1961-м, на 66-м году — Платнер. Смоляр уцелел, ибо в те лихие годы находился в Польше…

…Мы говорили в тот день о многом. Так или иначе, разговор вился вокруг ненависти к евреям. С антисемитскими настроениями и действиями Смоляр сталкивался повсюду, в том числе и в партизанском соединении. Он вспомнил один из эпизодов. Нескольких еврейских женщин, спасавшихся бегством от немцев и переплывших широкую реку, прямо у берега расстреляли сами партизаны.

— Когда узнал об этом и спросил у представителя Белорусского штаба партизанского движения Царука, за что их убили, то получил такой ответ: «Надёжные источники нас предупредили, что гестапо выслало группу женщин подсыпать отраву в наши котелки. Что сделаешь, мы на войне…»

Разбираться в достоверности «надёжных источников» не стали. Подумаешь, пристрелили прямо в воде несколько евреек! Кто за это спросит?

Случалось всякое. Трагедии поджидали на каждом шагу. Порой беда приходила оттуда, откуда её не ждали. Чудовищную историю поведала мне Циля Ботвинник — узница гетто, одна из заметных фигур подполья и рельсовой войны. Мы познакомились в 1987-м, вновь встретились в Нью-Йорке и дружили до самых последних её дней, а ушла Циля из жизни в 98 лет.

В еврейских партизанских отрядах, кроме боевых групп, находились гражданские лица — пожилые, дети, подростки. Гражданских, естественно, было большинство. Среди них и девушки, наиболее беззащитная часть отрядов. Мужчины открыто жили с ними, редко встречая отказ — такова была реальность, диктовавшаяся обстановкой. 16-летняя любовница командира забеременела. В этот момент немцы и полицаи подготовили карательную операцию — отряд спешно покидал обжитой район леса. На седьмом или восьмом месяце беременности девушка выглядела обузой. Командир застрелил её…

В 70-е годы он репатриировался в Израиль. Там узнали о его преступлении со всеми вытекающими…

Циля поведала мне этот факт через немало лет после выхода «Десятого круга». Нигде никогда прежде я не упоминал об этом. Пишу сейчас впервые.

* * *

Вот, пожалуй, и всё, что хотел сказать по поводу переиздания «Десятого круга» спустя 35 лет. Мне кажется, сейчас моя документальная повесть звучит ещё более актуально, чем тогда, в 1991-м. Мир меняется в худшую сторону, фашизм даёт всходы, и евреи это чувствуют сильнее других. Забвение Холокоста и его уроков новыми поколениями, антисемитизм во всех проявлениях, резко усилившийся после израильской трагедии 7 октября — такова сегодняшняя данность.

И пусть жизнь, борьба и гибель Минского гетто напомнят о страданиях и мужестве тысяч и тысяч людей.

www.ingramcontent.com/pod-product-compliance
Lightning Source LLC
Chambersburg PA
CBHW051147120626
46547CB00012B/976